編著
向谷地生良
小林 茂

コミュニティ支援、べてる式。

Community Support by the Bethel Method
＊
Edited by Ikuyoshi Mukaiyachi & Shigeru Kobayashi

Ψ
金剛出版

コミュニティ支援、べてる式。

向谷地生良 ✤ 小林 茂［編著］

推薦の辞

野中 猛

浦河べてるの家の活動が、本書ではコミュニティ支援の立場から掘り下げられている。べてるでは当事者の生活や人生が焦点であるために、地域で生活することを支援するし、地域に支援の資源が育てられているし、地域そのものもべてるの活動に支えられている。

これまでのべてるシリーズは、当事者が中心につづられていて、われわれに驚きや感銘を与えてくれた。そのことで当事者の力や可能性に注目することとなった。ところが本書は「逆の逆」で、べてるではこれまで光の当たらなかった専門職や支援者側が、一体何をどうしてきたのかが語られる。しかも、医療関係者や福祉業務に携わる者だけでなく、社会教育や教育委員会の方々も加わる。本書の礎となった連載が続けばもっと限りなく町の人々が登場したかもしれない。

「何の資源もない」浦河だからこそこれだけの革命的な活動が生まれたのだが、だからといって専門職側が何もしなければ何も生まれなかった。いったい何をしたのだろう？　本書にはその答えが記されている。その本質が伝われば、そして浦河でなくても、自分の住む地域で覚悟をもって生きることができるとすれば、浦河よりもさらに優れた活動を展開できるかもしれない。

視点の逆転という発想はこれまでと同様に本書にも散りばめられている。徹底的に医療中心や病院中心主義に陥っているわれわれの多くは、「べてるの地域主義」に脳をひっくり返される思いだが、よく考えればこちらの方があたり前なのである。

「べてるの繁栄は、地域の繁栄」と胸を張れるまでに、当事者集団も苦労してきたのであるが、本書によって専門職側がどれほどの苦労をしてきたのか想像できよう。もちろん、「苦労」や「悩み」を正当なものに位置づけ直す思考法はここでも健在である。

また、もとより「地域に出たとたんに人がいる」わけだし、近年は「人そのものが回復にとって必要な人々」が増えているのだから、地域づくりは明らかに人づくりなのである。コミュニティ支援は人づくり支援なのだと納得できる。

（日本精神障害者リハビリテーション学会会長）

はじめに

向谷地生良

北海道浦河町をイメージさせる町のキャッチフレーズに「ようこそサラブレッド観光と乗馬のまち」がある。そのように町内には、三〇〇カ所以上の牧場に四〇〇〇頭をこえるサラブレッドが飼育され、初夏の緑の草原で草を食む光景は多くの人を感動させる一方、日高昆布に代表される海の幸も浦河の地域経済を支える重要な産物となっている。

しかし、そのような表向きの資源のほかに、浦河に住んでいる人たちもあまり気づいていない地域の特徴の一つに医療、保健、福祉に関連したインフラの豊かさがある。後に詳述するが、人口一万三五〇〇人の小さな町に、知的、身体、精神、児童、高齢者関連の施設が集積し、精神科を持つ総合病院もあり、縮小傾向にあるといっても、保健所、福祉事務所（日高振興局）、ハローワークから裁判所、税務署、労働基準監督署まである。

一九七八年からこの町で暮らす町民の一人であり、ソーシャルワーカーでもある私の問題意識の一つに、地域に住む人たちにとってあまりにも当たり前の風景である、生活に密着した基盤的な社会資源の豊かさに住民自身が気づき、地域づくりに活かすということがあった。そして、もう一つの問題意識に赤十字の使命である「保健医療など社会活動の推進」があった。

戦後、医療のなかに福祉的機能（医療社会事業部）を持つことを使命とし、病気だけをみるのではなく、病を抱えた人の暮らしを支えることを重んじ、病院の組織のなかにそれを位置づけてきた赤十字病院は、その社会的使命として障害者や患者の社会復帰を支える仕組みづくりを地域といっしょに構築することを要綱のなかで謳い、特に一九九〇年代には、計画を立案し、その進捗状況を毎年本社に報告するということを続けてきた。一九七六年から当時の中尾衛先生たちの努力によってはじまった断酒会の育成や、精神障害者家族や当事者の自助活動は、そのさきがけであり、それが後の「浦河べてるの家」の活動へと引き継がれていくことになる。振り返ると、浦河の精神障害を持つ人への地域生活支援活動は、実に四〇年近くも続いてきたことになる。

そのようななかで、浦河では、従来あまり繋がりのなかった知的、身体、精神の三障害領域の施設と医療機関が、二〇〇六年に障害者自立支援法が施行されたことをきっかけに、情報交換とスタッフの交流を重ねてきた。それが契機となり、二〇一二年二月には日高東部（浦河町・様似町・えりも町）地域で立ち上がった三障害領域の施設と精神科を持つ医療機関である浦河赤十字病院が参加した「共同型」の相談支援事業所が設立された。これは、地道であるが、今後の当地での住民を巻き込んだ地域福祉システムの構築に向けた重要な一歩であり、将来的には三障害領域を越えて、高齢者や児童領域も巻き込んだ地域住民のあらゆる困りごとに対応する総合的な相談支援体制の充実へと発展させなければならないと考える。

このたびの企画は、前述の関係機関、施設に所属するスタッフやメンバーが浦河という地域で展開してきた精神保健福祉領域の日常的な生活支援の取り組みを、さまざまな角度から紹介したものである。おそらく、ここに文章を寄せていただいた方々も、企画がもちあがった時点では、浦河ではあまりにも見慣れた実践ゆえに、ここであえて取り上げる意図を測りかねるという思いもあったかもしれない。しかし、病院も含めて、施設入所（入院）型の福祉に偏りがちであった浦河が、地域生活支援を中心とした福祉サービスに転換するためには、医療・保健・福祉サービス提供施設や機関が経験とノウハウを活かしつつ、連携しながら、障害ばかりではなく、さまざまな生活課題をかかえる町民の地域生活をトータルに支える努力が必要になってくる。しかも、そのなかで忘れてはならないのは、地域の福祉を担うのが、施設や相談機関以上に住民自身であり、特にもっとも切実なニーズを持つ当事者自身でなければいけないということである。そのことへのこだわりが「べてる式」といわれる所以であり、浦河での長年の実践を支えてきた大切な理念である。

†

ここで、最初にこのたびの企画のきっかけとなった浦河における精神保健福祉活動の意義について簡単に触れておきたい。一九五九年に、地元自治体の要請によって五〇床の精神科病床が浦河赤十字病院に設置されて以来、増床を重ね、ピークの一九八八年には一三〇床までに膨れ上がった精神科病床は、二〇〇一年の地域移行計画にともなう病床削減によって六〇床になっている。この計画を推進するうえで大切にしたのは、転院に頼ることなく地域で暮らすことを目標にした点である。

それを可能にしたのが、一九八四年に設立された浦河べてるの家（以下、べてる）の存在である。当事者活動をベースに日高昆布の産直という起業を契機にはじまったべてるは、住まいの確保と働く場、そして、それを支える「仲間」という重要な資源を提供した。このことなくしては、病床削減を伴う地域移行は進まなかったといえる。そして、「入院患者」という立場から地域の住民となったメンバーに起きたことは、働くこと、恋愛、子育て、近所づきあいという〝当たり前〟の生活の苦労であった。障害者自立支援法も施行される前の何もない時代に、そのことに対処するために、関係機関が頻繁に集まり、会合を重ね、あるものを寄せ集め、手弁当でいろいろと議論と工夫を重ね、地域で支える仕組みを積み上げていった。象徴的なのが、「虐待防止ネットワーク」であり、子育てに挑戦するメンバーを支える「あじさいクラブ」をはじめとする多様なプログラムの創出であった。

精神障害を持った人たちが直面する生活上の困難を、個人的な問題に矮小化せず、一人の地域住民の切実なニーズとして社会化していく、つまり、「自分の苦労をみんなの苦労に」「みんなの苦労を自分の苦労に」していくプロセスが大事になってくる。今回の企画には、そのようなプロセスにかかわる多くの関係者・スタッフの実践経験が綴られている。

このような取り組みの結果として、当初日高東部地域（人口およそ三万人）の精神科病床数（一三〇床）は六〇床へと削減され、一万人あたりの精神科病床数も病床数の多さで突出している日本全体の二八床を大幅に上回る四三床から二〇床に半減したことになる。しかし、OECD（二〇〇七年）の数値と比較しても、イタリアの一床は例外として、フランスの一〇床、アメリカ・カナダの三床、韓国の八床に比べると、まだまだ多いが、地域で診る、地域でケアするというビジョンにさらに一歩近づいた観がある。

†

周知のように、浦河町を含む北海道日高は過疎地域である。先般発表された市町村ごとの平均寿命でも下位に位置し、子どもの学力テストなどの結果も同様の結果が出ている。失業率や生活保護受給率の高さ、所得水準の低さなど、そこにはさまざまな要因が絡んでいると思われるが、そのような地域課題が山積した浦河で精神障害を持つ人たちと積み重ねられて起業をベースにした実践から生まれた理念や発想は、ケアや対人援助の領域にとどまらずに、企業活動や防災を含めた地域づくりはもとより、アメリカのイエール大学における文化人類学の立場からの研究や、浦河で生まれた当事者研究絡みの国際的な研究プロジェクトが東京大学の研究者を中心に二件企画されるなど、哲学や思想の世界にも関心を呼んでいる。

もし、浦河での地域実践がユニークだとするならば、それは、紛れもなく好条件に恵まれたからではなく、類まれな悪条件という〝好条件〟によって生まれたものである。べてるの家の活動も、日高昆布という地域資源に恵まれた以上に、精神障害をかかえて生きることに自信をなくした若者たちという〝悪条件〟なくしてははじまらなかったと言える。

浦河での実践の普遍化のカギは、好条件からではなく悪条件からはじまったこと、そして、つねに悪条件が増し加わるなかで進められているところにある。

こうしている間にも、浦河という地域では、日々刻々と新たな難題が生まれ、地域住民の生きる苦労が積み上がっている。昨今、地元でも時折報道されている浦河赤十字病院の医師、看護師不足による経営危機も、障害を持つ人の地域生活支援を推進するうえでのもっとも身近なリスクであり、重要な地域課題である。

†

今回ここに取り上げた実践は「今日も、明日も、あさっても、いつも問題だらけ……それで順調！」という言葉に象徴されるように、数多くの失敗体験に裏打ちされた三〇年以上にもわたる持続的、継続的な実践の一コマである。その意味でも、ここに集められた取り組みの報告やエピソードは、総合的で包括的な地域住民の生活相談・支援体制の構築に向けた取り組みの経過報告として読んでいただければと思っている。そして、それが実現した暁には、「べてる式」は、「浦河式」としてさらにバージョンアップされ、住民の地域を支える身近な社会資源として活用されることが夢である。

最後に、このつたない取り組みが、同様の地域課題に直面しながら情熱をもって地域づくりに邁進する全国の人たちの一助になり、このことを通じて新しい出会いと交流が生まれることを願っている。

コミュニティ支援、べてる式。【目次】

第1部
浦河べてるの家とコミュニティ支援

第1章

浦河におけるコミュニティ支援

向谷地生良／川村敏明／渡辺さや可（特別ゲスト）

1 浦河べてるとコミュニティ支援前史

▼向谷地　今回は「浦河におけるコミュニティ支援」をテーマに、〝今まで〟と〝現在〟そして〝これから〟を考えるという三つの軸で、長年（三〇年間）当地で精神科医として働かれてきた川村敏明先生と、私、向谷地とが対談するという企画です。

浦河のコミュニティ支援は、一九七〇年代半ばにはじまった精神障害を持つ当事者、家族の自助活動、患者会運動の影響を受ける形で、アルコール依存症を持った人たちの断酒会活動や精神障害者の回復者クラブ活動、家族会活動を、保健所、役場保健師、精神科医、ソーシャルワーカーなどの関係者が側面的な支援をするという形、つまり、自助活動を軸に展開されてきたという歴史があります。当時の浦河赤十字病院精神科の精神科医であった中尾衛先生が「これからの時代は地域中心の精神科医療を展開しなければいけない」と考えられて、数年でその基盤をつくられた。まだ、病院に、というよりも福岡県と同じ面積の日高管内にソーシャルワーカーが全くいなかった時代に、地域精神医療を展開するためにはソーシャルワーカーが不可欠と考えた中尾先生は、精神科専従のソーシャルワーカーを採用しようと病院に働きかけて採用されたのが私でした。一九七八年のことでした。

私は、それらの自助活動の事務局を担っていた看護部門から仕事を引き継ぐ形ではじめたわけですが、浦河では、回復者クラブ活動のメンバーを中心に起業のスタイルをとりながら、浦河べてるの家を設立し（一九八四年）、過疎化が進み、自治体の財政も厳しいなかで、メンバーの自助活動を軸にコミュニティ支援を独自に発展させてきました。例えて言えば、それは植林にも似ていて、地域という山に当事者という樹を植えてきた活動でもあるわけです。そこが「べてる式」と言われる所以ではないかとも思います。

もう一つは、当事者支援と地域支援（地域づくり）を同じ土俵で考えて、当事者が安心して暮らせることと、地域が元気になることに一体となって取り組んできたことです。べてるが地場の日高昆布の産直に取り組んだとき（一九八九年）も「べてるの繁栄は、地域の繁栄」という理念をかかげて起業に挑戦してきました。メンバー中心の〝非効率経営〟の起業精神は、今も引き継がれていて、新しい事業が続々と立ち上がって、多少なりとも地元経済にも影響を与えるようになっていま す。

今回は、その歴史を振り返りながら、浦河におけるコミュニティ支援を考えたいと思います。

2 「浦河留学」から「浦河移住」へ

▼向谷地　今日は、対談の盛り上げ役として、浦河での暮らしに挑戦している、べてるのメンバーとしては新人の渡辺さや可さんにお願いしてありますので、よろしくお願いします。

▼渡辺　自己病名〝パーソナリティ障害素直になれないタイプ〟の渡辺さや可です。大学生の頃からリストカット、摂食障害、解離爆発などを繰り返して、札幌の精神科病院で、七年間医療保護入院をしていました。入院中に母親が当事者研究の本を差し入れてくれて、それをきっかけに浦河〝留学〟を決断し、今では一年半町内で暮らしています。今回のテーマですが、今まで爆発をするたびに入院を繰り返してきて本当に地域生活をしたことがないので、今日はどうなるかわからないけど（笑）、よろしくお願いします。

▼川村　なんだか原稿の世界じゃなくて急に笑いの世界になってきているけど（笑）。

▼向谷地　浦河に来てからも、当初は爆発や人間関係のトラブルが続いたり大変だったと思うんだけど、浦河の特徴を一言で言うと……

▼渡辺　そうですね……一言で言うと〝地域に出たとたんに人がいる〟みたいなところがありますね。当たり前のことですけど、浦河で暮らして実感できたことは「自分も人間なんだ」ということですね。私のようなタイプは、〝人とつながれる場所としての地域〟っていうのは大事ですね。

▼向谷地　渡辺さんは、札幌の病院に医療保護入院中、親の同伴を条件に特別許可の形で浦河に通ってきたという異色の存在ですが、川村先生が渡辺さんを受け入れるにあたって大事にしたことは？

▼川村　浦河で暮らすまで入院中に何度か浦河に来ていたけど、今までの暮らしのなかでの生きづまり、本人であろうが、家族であろうが、単なるお手上げという形ではなくて、今までのやり方から卒業して新しい悩み方や取り組み方にきちんと向かう準備ができてきた。少なくとも自分たちがやってきたことにみんながうんざりしているような状況だった。そういう意味では渡辺さんの場合は問題が熟した形で来たのが良かったんじゃないかって思うね。

▼向谷地　そうだね、もう本当にみんなが見事にうんざりしてたね（笑）。

▼川村　苦労の成果が出る寸前なんだけど、どう成果を活かすか、今までのうんざりした経験を活かすかという活かし方のところである種の生きづまりがあった。その段階で浦河に来たときに、別に浦河じゃなくても良かったかもしれないけど、経験を無駄にしないで苦労していたところがある

よね。渡辺さんが最初に浦河に来たときに、札幌ではさんざん問題児だった人が「必要な苦労をしてきたんだね」って言われて、変な違和感が最初あったと思うんだけども、ニコニコ顔で受け入れられる。そういう受け入れられ方がコミュニティ支援の一つの基本だと思うね。そのなかで、本人が良くなってきたのか誰が良くなってきたのかわからないけど、精神科病院を転々として強制退院を繰り返すっていう以前の悪循環から抜け出してこられたんじゃないかな。渡辺さんのような経験を持った人の支援には、「うんざり」「生きづまり」、そういう状況をどう活かせばいいのか、そういう視点が大事だね。そして、みんながそういう対応ができるようになるといいんじゃないかな。

浦河のコミュニティ支援を考えるときに、渡辺さんの登場の仕方と、いろいろな問題が起きたときの対応の仕方に、浦河のありようがそのまま見えてくるんじゃないかな。

▼向谷地　渡辺さんは、次々に起きる問題もすごいし、医療保護入院中にもかかわらず許可した先生も偉いけど、札幌から一八〇キロも離れた浦河に通い続けたパワーの源って何なんだろう？

▼渡辺　実は、全然やる気があったとかじゃなくて、本当のことを言えば、外泊外出ができなかったので、とにかく外に出て、外の食べ物を食べようかとかそういうことが目的だったんですよ、本当は。ごめんなさい（笑）。

▼向谷地　最初はね（笑）。

▼渡辺　自由にお菓子を食べられるってことだけのために浦河に来ていたんですよ。

▼川村　それでいいんだよ、始まりはね（笑）。ただ食べ物とかのほうが目的ということは、そんなになるだけ落ちていたってことだよね。だって七年の間でほとんど退院したことがないし、何回も強制退院になって転院して、そのなかで希望を持てってったって無理だもんね（笑）。

3「自分の苦労は蜜の味」――本人の悩みを本人に返す

▼向谷地　そういう渡辺さんを、グループホームでの爆発やトラブルが起きたとき、入院ではなく、徹底的に地域で支えることにこだわって今までやってきたわけだけど、〝食べ物が目的〟がその後、どのように変わってきたのかな？

▼渡辺　生活って、ただ〝食べて寝て〟ということじゃないですよね。他に言葉があったりとか、出会いがあったりとか。実は、地域での暮らしにそれを求めていたと思います。

▼向谷地　浦河に来てから外来で川村先生と話したり、べてるの仲間と会ったり、札幌の当事者研究にも参加したりするなかで、渡辺さんはどう変わっていったんだろう。逆にそういう困難をかかえる人たちを地域で支えるには何が必要だと思う？

▼渡辺　強いて言えば、特別なことじゃなくて、人としての当たり前のぶつかり合いかな。一切病

院ではそれが排除されていて、部屋の人とうまくいかなくて看護師さんに訴えると、簡単に「じゃあ部屋変えましょうか」ってなりますよね。でも結果的には、病院のなかでは相変わらずリストカットなんかを繰り返すわけですから、そうすると「性格が悪い」に変わるんですよね。でもべてるにいると、ある人とうまくコミュニケーションが取れなくて仕事がうまくいかないってことがあっても「じゃあその人に他のところに移ってもらおうか」とはならないじゃないですか。じゃあどうやってその人とうまくやろうかって考えたし、そういうことを考えるのも初めての出来事だし、当たり前のぶつかり合いは避けないっていうのは新鮮でしたね。

▼向谷地　つまり、単純に苦労を回避するんじゃなくて、それを活かしていくことを支援するという感じかな、と思うんですが、川村先生が渡辺さんと一番最初に会ったときの印象は？

▼川村　まず病院に来たときに、最初にソーシャルワーカーの高田大志君に会ってもらったわけね。これはまだ医者が会う段階じゃないなと。外出程度のレベルで来たから。そういう人は、基本的に人任せで、親は一生懸命だけど、本人のほうは生きづまりの現実感がない人が多い。本人のモチベーションがはっきりしたら、その段階で先生に会ってもらいますということにしました。

▼向谷地　その辺のこだわりは、この三〇年間浦河の地域生活支援にかかわってきた私たちが一貫して大事にしてきたところですね。

▼川村　そう、浦河で繰り返し言われてきたことは、本人の悩みを本人にちゃんと返すというか、

つねに一人一人にとっての苦労の原点をどうやってつくっていくかということで、すごくワンパターンなことをやっていたにすぎないし、ワンパターンだからみんなもすごくわかるし、問題が起きた人に対する対応も「今この段階なんだ」と理解できるようになる。

渡辺さんもね、悩んでいたはずだし、笑顔の裏に悩みはちゃんとあるはずだし、しかし、現実にはそんな片鱗も見せないわけだから、こちらとしては、わからないけど無理やりでも信じる。渡辺さんから信じられなくても、こっちは信じる。そんな腹のくくり方をしないとだめだね。

4「自分の言葉で語る」——当事者研究の誕生

▼向谷地　コミュニティ支援の基本は、そのようなこだわりをベースにした細やかで具体的な一人一人の支援の積み重ねだということがわかりますね。

▼川村　大事なのは言葉だね。いろんな場面とか一人のいろんな思いや行動をね、できるだけ丹念に言葉にしていく。それが考える力につながってくる。言葉で考えることを取り戻していくと、単なるストレス発散という形での爆発行動にはならない。多くのメンバーも言うように、「きちんと言葉で語れれば俺はこんな問題にならなかった」って非常に実感のこもった言葉として聞くときが

ある。それは、決してメンバーだけじゃなくて、医者としての自分にも当てはまると思う。言ってみれば、それは、そこに携わっている人たちみんなが言葉にしていく、言葉をつくっていくことが大切だということじゃないかな。その言葉のなかに、本人が気に入ったピンと来る言葉が貯金のように貯まってくると落ち着きも笑顔も増えるね。

▼向谷地　そういう意味では、今までの渡辺さんの暮らしのなかで積み重なってきた言葉っていうのは「もうダメだ」とか「何をやっても意味がない」とかいうものばかりで、そういう〝腐敗〟した言葉が山のように積み重なってきたわけでしょ。

▼渡辺　そうですね。

▼川村　僕ら支援者が考えなくちゃならないのは、当事者を勇気付ける言葉がどれだけ語られるかってときに、実は正しいんだけど本人の元気を削ぎ落とすような言葉をいっぱい使っているかもしれない、ということだよね。

▼向谷地　そうですね。浦河に来て渡辺さんは、言葉の置き換え作業とか言葉をつくる作業をやってきたんだよね。でも渡辺さんだけじゃなくて支援するほうもそうだよね。我々もね、言葉を問われるというか言葉を磨かれる。

▼川村　べてるの歴史も三〇年近くなってきたけど、昔から、メンバーだけじゃなくてスタッフも自分を言葉にする力がどれぐらいあるかということが問われてきた、それが浦河のコミュニティ支

援の原点。当初のべてるは、もうそれしかないから逆に当たり前にそれができていたんだけど、いろいろとシステムができあがって、関わる人も増えてくると、今はそれをちゃんと意識しないと忘れられていくね。語らせることはできても自分が語るということは劣化してきてね（笑）。

▼向谷地　昔は何もないからね、何よりも先に言葉があった。いわゆるナラティヴ・コミュニティですよね。

▼川村　そう、何もないんだから。時間だけはあって、みたいな（笑）。

▼向谷地　逆に今は人が多いし、それなりにお金もまわるようになってくると、逆に言葉の重さを忘れがちになってしまう。だんだんね。

▼川村　何となく三〇年も経ってくると、何か味わいが物足りないみたいなことになってくる。食べ物でも昔食べたものはおいしかったみたいな感覚でね。

▼渡辺　甘味の少ない大根みたいなね（笑）。

▼向谷地　そういう意味では、見かけの人だとか見かけのシステムとか体制とか連携とかそういうものにどうしても頼っちゃって、根本の言葉そのものを生み出す作業がおろそかになる。

▼川村　特に渡辺さんのような苦労をかかえた人と関わるには、我々はつねに〝原点とは何だったのか〟っていうことに立ち返っていくことを意識していかないと、支援そのものがもたなくなる。

▼向谷地　いやーもう倒れますよね（笑）。

▼渡辺　（笑）

▼川村　渡辺さんのような〝大物〟と出会うとつねに原点とは何かって考えはじめて、自分の原点は何かわからなくなってくる。だから支援者自身が疲弊して危機に陥る。こっちが玉砕しちゃうね（笑）。

▼向谷地　私自身、ソーシャルワーカーとして、決して味わいたくないと思われるほとんどのことを浦河で経験し尽くしてきたと自負してるんですけど、支援に関わるうえで目の前の山のような苦労とか圧倒的な壁の前に立ちすくんだときに、とにかく話し合いを重ねるなかで生まれる想像もしなかった言葉の力で一歩一歩進んできたようなところがあるからね。

▼川村　昔の話だけど、浦河に最初に来て忘れられないのは、向谷地さんが言ってた「当事者がいない」＝「自分のことを自分の言葉で話す人がいない」っていうこと。それが一貫した課題で何か治療的支援をしようとしたとき頭にあった。最初は向谷地さんと僕が中心だったかもしれないけど、言葉が三〇年にわたる活動のなかで紡がれて、結果これだけの人が地域で暮らして、精神科病床の一三〇床が六〇床になって、今は四〇床以下でもやれそうな感じになってきた。この間の一番の変化は、何よりも当事者が自分の問題を語り、一緒にその問題を通して人とつながるというのが目に見えてきているなということで、これはいい流れだなと。そういう意味では実に単純。それしかやってこなかった。そして、あらゆる支援システムというのは、そのうえに築かれてはじめて成

果をあげるということかな。

▼向谷地　そういう意味で、渡辺さんは、浦河に来てからでも何度も爆発を繰り返してきたし、荒い言葉を発して、周りがひるんだ時期があるけど、言葉を磨き合うなかで試行錯誤を繰り返していると、ちゃんと何とかなるんだよね。そこを踏み外さなければたいていの人は何とかなっていく。その辺を信じられるか、だよね。それと、病気っていうのはその人の足を引っ張るものじゃなくて、その人自身を助けようとする力を含んでいるっていう部分を見逃さないこと。それを地域支援でも大事にしてきた気がするし、意識していないと、目の前の大変さで見失っちゃうね。

5 「仲間同士が互いの自助をサポートする」――理想の浦河コミュニティ支援

▼向谷地　それでは最後に、浦河は過疎地域で自治体も財政的に脆弱ななかで、これからの浦河のコミュニティ支援は、どうなっていかなければいけないかを話し合っていきたいと思います。

▼川村　困難を抱えた人たちが相変わらず苦労を抱えたまま安心して生きていくために何が必要かを考えたとき、ＳＳＴ（生活技能訓練）だとか当事者研究が支援――語ること、言葉を取り戻すことの支援――の中核になって、当事者側から自分たちの課題は何かということを自分たちで考える、

支援者側も何が支援になるのか、あるいは何をしないほうがいいかを考える、そういう文化が根づいてきたように思うね。これは大事にしなきゃならないね。

▼向谷地　あと世の中の流れ、世界的な流れかもしれないけど、入院しなくても再発したときでも、最低限の入院と回復のほとんどを地域でできるような支援体制が必要になってくる。半分病院で治したから、半分はべてるで治すっていいますよね。

▼川村　うん。それこそ病院があるから良くなれない人もいる。札幌で渡辺さんが入退院を繰り返して良くならなかったのと同じなんだけど、病院というのはプラスもあるけどマイナス面も大きいということを本当に考えなきゃいけないね。

▼向谷地　一〇〇年くらい前に統合失調症の名付け親であるオイゲン・ブロイラー（Eugen Bleuler（一八五七－一九三九）が、「ヒューマンケアの原則」を残しているのですけど、そのなかにも「退院が早期になればなるほど予後がいい」って書いてありますね。まだ、薬物療法がなかった時代の経験は、むしろ今の時代にこそ大事だと思います。私は生活の質はとにかく衣食住が足りて、慎ましくてもいいから、とりあえず病院から出て地域で暮らすっていうことだと考えれば、そんなに難しいことじゃないって思うんです。

▼川村　食べて寝て話す相手がいて。

▼向谷地　そうそう、とりあえず地域で暮らすことだけを考えればそんなに難しいことではない。入

院中に病院がやっていることは、本当にたいしたことじゃない。

▼川村　そうなんだよ。病院はすごく大きな力を持つものだから、地域も本人も家族もその病院という枠、入院という枠のなかにみんな丸投げしてしまうんだよね。それをサポートする支援や人材もないと、結果的に病院が引き受けてしまう。

▼向谷地　私は将来、浦河でそれが可能になる時代が来るような気がしていますね。いや、そうしなくちゃいけない。

▼川村　それには、「入院は悪だ」みたいな形で単純にベッド削減をしてもどうも効果がないね。一番いいのは、ベッド削減のことよりも地域でこうやれば暮らせるんだという下地をつくっていくこと。実際に浦河では、ベッド削減と言わなくても自然に減っちゃった。そういう実態をつくっていかなくてはいけない。

▼渡辺　私がその見本ですね（笑）。

▼向谷地　渡辺さんみたいな困難をかかえた人がこれから地域生活支援の主流になっていくときに、病院だけに頼ってはいけない時期が来たという感じがしますね。昔は、ベッドの三割はアルコール依存の人だった時代があって、そういう人たちがいつも地域で問題を起こして入院していた。

▼川村　いつも走り回っていたよね。

▼向谷地　それがだんだん統合失調症系の人たちに置き換わってきて、今はまさにパーソナリティ系

というか、渡辺さんのようなタイプの苦労人が増えてきた。入院でも、薬を飲んでも、簡単に落ち着きを取り戻せない人たち、つまり、人そのものが回復にとって必要とされる人たちが増えてきた。そういう時代のなかで、仲間同士が互いの自助をサポートすることがより重要になってくる。その意味でも、SSTや当事者研究がメンバー自身の自助のツールとして活用されはじめて、治療や支援を十分に補完するほどの力を持ちはじめている気がするね。それこそ、下手な治療や支援よりも〝治療的〟だよね。これからはまさに当事者研究の時代だね。当事者ベースでやっていく時代なんじゃないかなぁ、市民ベースっていうか。

6 「降りていく生き方」——支援の究極形

▼川村　それとね、べてるのメンバーも高齢化がすすんできて、自然に高齢者の支援みたいなテーマが見えてきている。精神障害を持つ人たちの支援と高齢者の支援は、今のところ切り離されているけど、浦河では、それは一貫したテーマでもあるからね。でも心配はしていない。何か楽しみだね。僕なんかも団塊の世代だから、自分がどうするかっていうより、どこに相談するかっていうことだけ考えて準備していけばいいいと思ってるね。

▼向谷地　それは私も考えますね。そんなに遠くない自分たちのことだから、そういう意味では私たちは、何でも自分のこととして考える癖がついている感じがします。そこでね、究極のコミュニティ支援は、お葬式なんじゃないかって思いますね。私たちは、この地域で一緒に暮らしてきた仲間をどう見送るかを大事にしてきた。その意味で、お葬式は私たちのもっとも大事な〝プログラム〟ですね。死を知ることで、最後は仲間がみんなこんな風にして送ってくれるんだということを知ることで、不思議とみんな生きられるようになる。

▼川村　私なんか何歳まで生きるかわからないけど、死んだら家に帰って、家からべてるのメンバーやみんなにリアカーに乗せてもらって火葬場まで行くっていうのが夢だね。歩いて一〇分くらいの距離だからね（笑）。

▼向谷地　リアカーの霊柩車。

▼川村　そういうイメージだけはある、なんか死ぬのも楽しいなっていう。ここで生きてきた、ここで精神科をやってきた、みんなのなかにいたっていうことに、生死を超えた何かがあるっていう感じがしています。ちょっと楽しみだな、僕は。

▼向谷地　それと、お墓の共同住居をつくりたいなあと。

▼川村　うん、是非。下手に墓に入ると子どもたちが法事だ何だって言い出す。そういうのいいよって言いたいもんな。それよりも共同のお墓でいつもみんなと楽しくいるからみたいな感じがいいね。

これも時間の流れを超えてるな。

▼渡辺　私は、浦河に着たときから、そんな空気というか、べてる流の暮らし方である〝降りていく生き方〟に触れて、カッカしながら生きているのがアホらしいというか、肩透かしをくったように感じましたね。浦河に来たときも、病院もべてるの家も見たけど、なんかのんびりっていうか力が全然入っていなくて、先生にはじめて会ったときもなんか笑われて。

▼向谷地　コミュニティ支援の原点は、自分がこの地域でどう生きるかということと決して無縁ではない。これは精神障害を持った人たちをどう支援するかというテーマを超えていて、精神障害を持った当事者と一緒に、その人たちの経験に学びながら、自分が暮らしている地域を応援していくことを今日あらためて実感した次第です。そして、道半ばですけど、そこにこだわってきたのが浦河におけるコミュニティ支援の特徴であるということで、まとめたいと思います。今日は、ありがとうございました。

第2章

浦河におけるコミュニティ支援（総論）

向谷地生良／小林茂

1 はじめに——浦河町にある「浦河べてるの家」の魅力

社会福祉法人浦河べてるの家（以下、べてる）がある浦河町は、北海道の中心地である札幌市から車で約四時間十五分、新千歳空港から約二時間二十分、えりも岬の約五〇キロ手前にあります（図1）。この通いやすいとはいえない場所に浦河べてるの家があります。

このべてるに年間（二〇〇八年度実績）延数で約三五〇〇人を超える施設見学者が訪れます。浦河町の人口が一万三五〇〇人ほどであることを思うと、大変な数の人が浦河に来ることになります。その多くは、精神疾患を抱えた当事者とご家族、精神科医や看護師などの医療関係者、ソーシャルワーカーや福祉職員などの福祉関係者、各領域の臨床心理士、および各分野の研究者や学

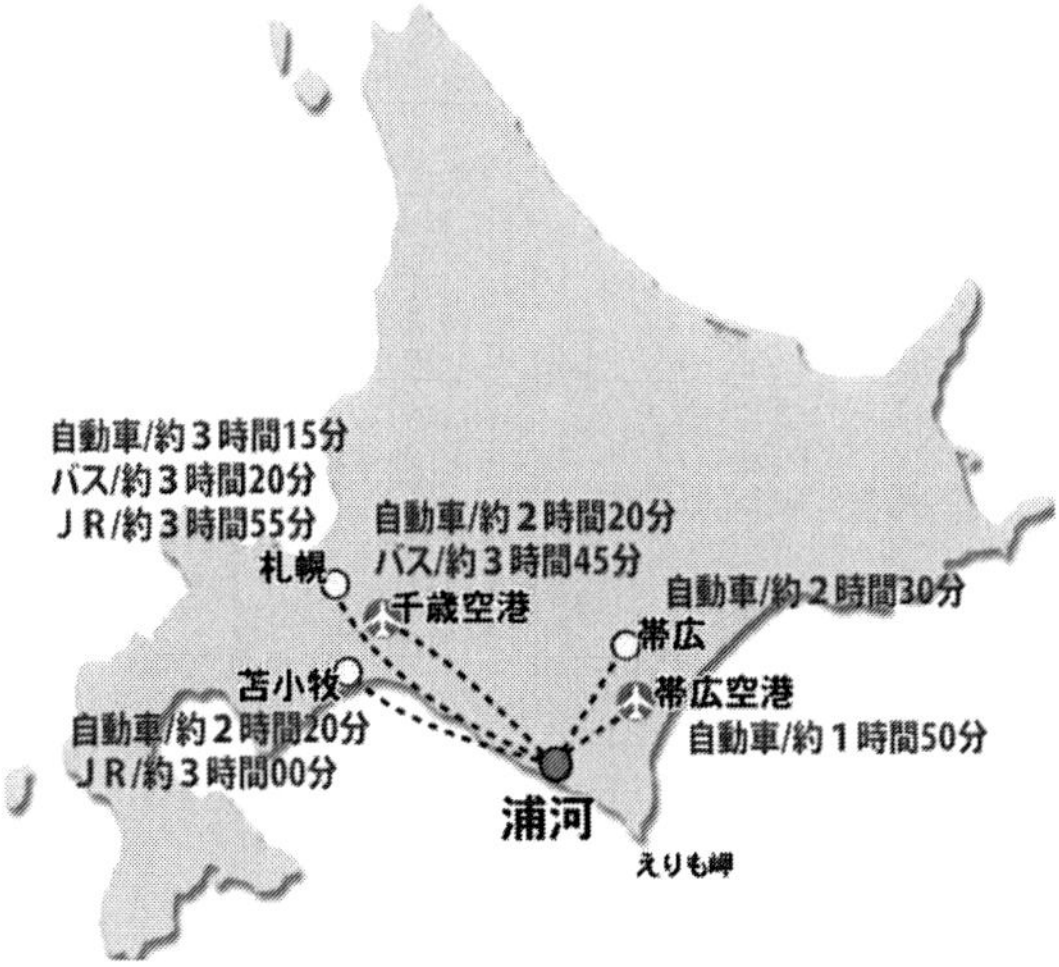

図１　浦河べてるの家がある浦河町（浦河町役場 HP 提供）

生、実習生といった方々です。しかし、近年は、医療・福祉分野や国境を超えて、教育学、社会学、人類学、環境学、防災・都市開発などの研究者、芸能人、画家や文筆家……と、おおよそ福祉施設とは縁がないような分野の方々がべてるの見学に来るようになってきています。ある意味、過疎化が進む地方の街、精神障害者の集まり、「給料が安い」「休暇が取れない」「心を病む」「雇用が不安定」「経費が自腹」などなど三Kにいくつもの〝加算〟が付く福祉現場など、おおよそ人が忌避したがる分野に関心が持たれるのは不思議極まりないことです。しかし、このように注目されるべてるの魅力について考えると、そこには地域に生きる精神疾患を抱えた当事者と呼ばれる仲間の魅力や、当事者たちと〝共に支えあう〟コミュニティ支援の取り組みなどが、精神保健福祉領域にとどまることなく、さまざまな分野の方々に興味関心を与えてきた結果であるといえます。この間口の広さも浦河のコミュニティ支援の特徴です。

これまでも浦河の支援は、他職種による多面的な支援、「質より量」「点より面」の支援ということを述べてきました（川村・向谷地 2008／大濱・小林・向谷地 2009）。より良いコミュニティ支援を実践するには、人と人が生きるという感覚をどれだけ包含しながら、各支援者が担当領域の支援に活かせるかにあるように感じています。この支援感覚は、エビデンスを重んじる自然科学の立場というよりもヒューマニスティックな前提のうえにあります。しかし、この前提があるからこそ、コミュニティ支援に、人と人が生きることに関係するすべての領域の人が参加できるという〝参画型の支援〟〝協働の支援〟の可能性が生まれるものと考えます。これらを臨床に置きかえれば、専門職といえどもコミュニティに生きる一市民であるという感覚や、病棟もコミュニティの社会資源の一つにすぎないという感覚、当事者は専門家と呼ばれる支援者のみによって支えられているのではないという自明の感覚、当事者も含めた専門職以外の人も参画できる余裕といったものとなります。こうしたコミュニティ感覚抜きにしては、浦河よりはじまった当事者自身の専門性を活かした当事者研究、浦河町市民との合同当事者研究発表会「浦河〝楽〟会」といったコミュニティ活動、当事者の力を前提とした専門家による〝わきまえ〟のある治療援助などはありえなかったといえます（浦河べてるの家 2005／向谷地・川村 2008）。

本章では、これまで取り組んできた浦河におけるコミュニティ支援の経過と現在の歩みを紹介します。

2 浦河で取り組んできたコミュニティ支援の歩み

1 自立生活運動の影響

浦河において、「浦河べてるの家」に象徴される精神障害者の地域生活支援における理念の源流は、一九七〇年代にはじまった障害者の自立生活運動にあります。一九七〇年代初頭にアメリカのカリフォルニア大学バークレー校の学生であったポリオの後遺症を持つエド・ロバーツが卒業後にはじめた自立生活運動のうねりは、スローガンである（1）障害者は本来、「施設収容」ではなく、「地域」で生活するものである、（2）障害者は、治療を受けるべき患者でもなければ、保護される子どもでも、崇拝される神でもない、（3）障害者は援助を管理すべき立場にある、（4）障害者は「障害」そのものよりも「社会」の犠牲になっている（中西・上野 2005）という主張への共感として、わが国でも障害者ばかりではなく、市民や施設関係者も巻き込んで障害者運動に多大な影響を与えました。筆者（向谷地）が学生時代を過ごしていた一九七四年から一九七八年当時の札幌でも、自立生活運動の熱気が当事者や関係者のなかに渦巻き、施設中心の障害者福祉から地域での当たり前の暮らしを目指したさまざまな挑戦的な実践がはじまっていました。たとえば、『あなたは私の手になれますか』の著書で有名な脳性麻痺を持つ小山内美智子さんらが立ち上げた「札幌いちご会」（一九七七年）の活動がその典型です。重度の脳性麻痺を持つ人は施設で暮らすことが当たり前といわれていた三五年以上前に、地域生活への移行を見据えた実践が、当事者自身の手によって試みられていたのです。それは、「自分たちの側から社会をとらえ直す、当事者文化の創造」への試みであったといえます（全国自立生活センター協議会 2001）。さらには、難病患者運動（北海道難病連）のボランティア「青い鳥」のメンバーとしての道内の医療福祉相談や患者訪問活動を通じて、今日では日常語のように用いられている「当事者主体」の意味と医療と福祉の変革に対する当事者の役割の大きさを学んだように思います。

全国的にも、高度経済成長の歪みともいえる公害の深刻化と地域の崩壊が進む一方、それを食い止めようとする活発な住民運動や顕在化した難病問題などの健康問題とあわせて、あらゆる分野において「地域福祉」が大きな社会的テーマとして浮上し、当時の大学においても「地域福祉論」は時代のニーズを反映した新しいテーマとして脚光を浴びていました。その時期に福祉を学んだ四年間は、その後のソーシャルワーカーとしての実践スタイルに大きな影響を与えることになります。

北海道日高にある浦河赤十字病院で管内最初の精神科ソーシャルワーカーを採用するにいたった経緯のなかにも、そのような時代背景があります。先にも述べたように、まさに、一九七〇年代は、道内においても当事者活動の黎明期であり、断酒会、精神障害者家族会、回復者クラブなどの自助活動が続々と産声を上げ、まさに入院中心から地域福祉の時代の到来を告げるかのようなムードが関係者の間に蔓延していました。それを推し進めたのが、精神科医をはじめとする関係スタッフのなかにあった、「地域福祉を当事者活動と市民活動の活性化によって実現する」という熱い信念でした。浦河赤十字病院への精神科ソーシャルワーカーの配置は、当時の精神科医の「これからは地域の時代であり、その担い手としてソーシャルワーカーがほしい」という熱意が病院を動かし、実現したものであったといえます。

しかし、一九七〇年前後に熱病のように広がった学生運動や障害者、難病患者、公害病患者による医療と福祉の変革を求めた運動や各種の住民運動、労働運動が沈静化していくのと歩調を合わせるように、地域福祉や地域精神医療を志向した実践活動は急速に勢いを失い、それに反比例するように、薬物療法にシフトしていきます。そのような情勢のなかにあって浦河は、広域な地域支援体制の構築に一貫して取り組んだ道内の帯広・十勝地域と同様に、当事者活動をベースとして、精神障害を持つ人たちが中心的な役割を担いながら、ＳＳＴをはじめとする心理教育プログラムを導入し、入院から地域生活支援までのトータルなネットワークづくりに取り組んできました。その意味では、浦河は、一九七〇年代の「入院中心から地域生活支援へ」という流れを忠実に継承し、実現に向けて地道に取り組んできた貴重な実践例といえます。

かつて自立生活運動が主張した自立生活の基本原則である「人権、自己決定権、セルフヘルプ、ピア・サポート、エンパワメント、地域社会へのインクルージョン、障害種別を超えたインクルージョン、危険を冒すこと、インテグレーション（統合教育）」の理念は、その後の高齢者や障害者福祉の政策デザインのなかに浸透し、一九九三年の障害者基本法の制定や一九九七年の介護保険法、二〇〇五年の障害者自立支援法に反映され今日に引き継がれていきます。

しかし、障害を持つ人が安心して暮らせる地域社会を目指すうえで、「当事者主権」という言葉に象徴される先の自立生活の原則が、具体的なサービスの提供場面で保障され、日常化するのにもまだまだ時間がかかると思います。その意味でも、過疎地域という悪条件のなかで、サービスや地域づくりの担い手としての当事者の役割の可能性を追求してきた浦河の実践は、数多くの失敗体験も含めて貴重な取り組みといえます。

ここでは、今日までの当事者活動に重点を置いた入院から地域生活に至るトータルな支援体制の構築までの歩みを振り返りながら、浦河の取り組みを紹介したいと思います。

2 浦河町における精神保健福祉の歩み

浦河町における精神保健福祉の歩みを概観するときに、最初に取り上げなければならないのが、浦河赤十字病院精神科の開設経過です。『浦河赤十字病院五十年史』（1988）によると、北海道日高管内最初の精神科として浦河赤十字病院に精神神経科が開設されたのは一九五九年で、開設時の病床数は五〇床でした。『五十年史』に紹介された当時の新聞記事によると、精神科の開設は地元町村の強い要望によって実現したと書かれています。その後、病床数は、一九六二年に五六床、一九六九年に七二床、一九七七年に九〇床、一九八九年に一三〇床というように、我が国の精神科病床の増床策と歩調を合わせるように増えています。この増床の背景には、一九五四年に厚生省が実施した「第一回精神衛生実態調査」（広田 2004）の結果、精神科に入院を要する患者四三万人に対し、精神科病床が四万床しかないという現状が浮き彫りになり、その後、医療金融公庫が精神病院の開設に、優先的に融資を振り向けたという政策的な誘導があります。それをきっかけに病床数は、先進諸国の趨勢と反し「世界一の精神科病床数」といわれる三五万床まで膨れ上がることになります。

我が国の精神科病床数の増床の背後にあるのは、国民の精神障害者を危険視する意識と国の治安・保安を重視する姿勢といわれますが、このような事情と、浦河における精神科病床数との関連を病院職員として内側から見てきた立場からいうならば、過疎地域にあって総合病院を運営するためには、安定的な入院患者が見込まれる精神科病棟が経営上の重要な収入源となってきたということです。もちろん、増床にはそれなりの大義名分が必要になってきます。一九八八年に九〇床を一三〇床に増床するプロジェクトに立ち会った経験からいうと、明らかにその際の増床は、老朽化した精神科病棟の改修だけではなく、病院そのもののリニューアルに要する財源の捻出のための増床であったといえます。当時、すでに安易な増床には、国としても一定の歯止めをかけていたとはいえ、国としての財政的な手立てのない状況においては、増床による診療報酬の増額を担保とした資金の借り入れは、やむをえない選択であったといえます。そのように、病院の建物が改修・新築されるたびに精神科病床数を増やさざるをえないというところに、我が国の精神医療施策の歪みの根本的要因が見て取れます。それと同時に、精神障害をかかえた当事者が地域で安心して暮らせる支援体制が全く未整備であった当時は、精神科病棟は、地域や家族のニーズとして、治療の場である以上に当事者を家族に代わって長期に受け入れ、療養させる受け皿の役割を期待されてきました。

そのようななかで、現在の入院から地域生活支援に至る一貫した支援体制を構築するうえで重要な働きをしたのが、一九七三年に浦河赤十字病院精神科部長として赴任した中尾衛先生（現・中尾メンタルクリニック院長）です。中尾先生は、精神科医として、地域を重視し、当事者主体の精神科医療を模索するなかで、断酒会「杉の芽会」、回復者クラブ「どんぐりの会」、精神障害者家族会「若駒会」の設立に奔走し、週二回の割合で地域断酒会を自ら巡回し、アルコール依存症の治療にあたっては、地域連携の場として福祉事務所や、保健所を巻き込んだ退院カンファレンスを開催し、病院と地域の垣根を取り払ったのです。そして、先に紹介したように、地域精神医療の展開には、当時まだ馴染みがなかったソーシャルワーカーの採用が不可欠であると病院側に粘り強く働きかけ、一九七八年に採用されたのが筆者（向谷地）でした。その意味では、三五年前に今日の当事者活動、家族、地域重視、関係機関の連携をキーワードに、その下地をつくった中尾先生の先見性は特筆すべきものです。

そして、ソーシャルワーカーが採用されたことをきっかけに回復者クラブ活動が再開され、早坂潔さんを中心とした日高昆布の産地直送への挑戦（一九八三年）からはじまる作業所の立ち上げ、当事者の就労先の確保としての有限会社福祉ショップべてるの設立（一九九三年）、二〇〇二年の社会福祉法人浦河べてるの家の設立、二〇〇七年のNPO法人セルフ・サポート・センター浦河（セルポ浦河）の発足へとつながり、当事者活動と連携した精神保健福祉ネットワーク体制ができあがっていくことになります。その活動を支えた理念が「自分らしい苦労の取り戻し、自分を助ける仲間の力、地域のために」であり、それはかつて自立生活運動の理念を自らの歩みのなかで捉えなおす途上で生まれたものです。それは、二〇〇一年に実施された浦河赤十字病院の精神科病床削減計画（一三〇床を六〇床へ）を受けて、他病院への転院をせずに実施できた重要な地域の受け皿となったばかりではなく、地域に散在する十数棟のグループホームや共同住居に暮らすメンバー相互の支えあいの資源としての役割を担うことになります。さらには、当事者自身が地域で暮らすための力を獲得するさまざまなプログラムを生みだす原動力となるのです。

3 現在の浦河での取り組み

二〇〇六年からの障害者自立支援法の施行以後、自立支援医療制度とあいまって、医療従事者、福祉関係者たちの間に、「入院患者が地域で生活を営めるようにしよう」という支援側の共通した大きな枠組みができあがったように感じます。しかし、こうした潮流とは関係なく浦河では、べてるの最初期（一九七八年〜）から入院患者のための地域生活と就労支援に向けた実践に取り組んできました。けれども、入院患者（もしくは当事者）が地域で暮らすということは、それまで病棟で守られていた患者の安全と引き替えに、さまざまなリスクを新たな苦労として負うことでもあります（大濱・小林・向谷地 2009）。また、マクロレベルからの政策的な入院患者の地域移行の弊害は、受け皿となる地域住民の理解抜きに、コミュニティの成熟を待たずに進められている問題を残します。当然、その狭間に立たされる移行施設は、さまざまな要請と苦情の処理、コミュニティ支援の最前線に立つことになります。そのため、地域に住む方々との交流、対話は欠かせないものがあります。古くは、浦河べてるの家では、地域の起業家たちの異業種交流組織MUG日高との「こころの集い　偏見・差別大歓迎――決して糾弾いたしません」（一九九一～一九九二年）、清水義晴氏による「まちづくりワークショップ」（二〇〇一年）といった地域住民との交流会を実施してきました。その後の新たな戦略として、浦河べてるの家の活動を全国にプレゼンテーションし、幅広く注目されることで、浦河に住む医療福祉関係者以外の人々にも当事者活動への関心が及び、地域が変革してゆくよう努めてきました。つまり、「外堀から埋めて、だんだん内堀へ向かう作戦」（向谷地 2009）です。このように内外の両側から、地域とのつながりに力を入れています。二〇〇九年度より「四丁目ぶらぶらざ」の店舗を地域交流の窓口として「カフェぶらぶら」にリニューアルさせたり、「浦河町安全安心街づくり連絡協議会」への参加、グループホームの自治会活動への参加などコミュニティに密着した活動を試みています。当事者が地域で暮らすことによるトラブルをコミュニティに働きかける良い機会として捉え、地域へ積極的に出向いています。こうしたときに当事者と地域住民をつなぎ、同時に精神疾患の理解のために啓蒙活動を行う専門家の担うべき役割は、非常に大きなものがあるといえます。ただし、そのときにも地域に住む一市民である専門家としてのコミュニティ感覚を忘れないようにしています。

4 まとめにかえて

浦河べてるの家に訪れる、関心を持たれる方々は、自分が働き、生活する地域にも浦河のコミュニティ支援のような結実を実らせたいという熱意を秘めて来られているように感じています。けれども実際に浦河べてるの家に訪れた方々のなかには、それぞれ種々の要因を挙げて「地元では同じような支援ができない」と、半ばあきらめて帰路につく人もいます。たとえば、ある製薬会社の研修で来られた精神科医の方は、小さな街に社会資源が集まっている理由を挙げ「浦河だからできること……」と話していたことを思い出します。そのほかにも「向谷地さんや川村医師のようなソーシャルワーカーや医師がいないから」「日高昆布のような特産品があるから」という理由や、「地元には理解ある医師や専門家がいない」「べてるのような社会資源がない」といった理由を耳にすることがよくあります。

けれども、浦河におけるコミュニティ支援は一九七八年から数えて三〇年を超える取り組みの歴史があります。最初から、人や社会資源、支援プログラムやネットワークがあったわけではありません。浦河のコミュニティ支援が土づくり・土壌づくりに喩えられてきたように、当事者自身の力も、浦河べてるの家のような社会資源も、各領域の支援者も〝共に〟悩みながらの土づくりから

表１　浦河における精神保健福祉活動の特徴

①当事者活動を中心に据えた取り組み
②医療と地域生活支援プログラムの一体化
③街づくりと一体となった活動の展開
④起業を通じた経済活動への参加による就労支援
⑤地域の空き家を活用した住む場所の確保
⑥精神科病棟を削減し、入院患者の地域移行を促進
⑦認知行動療法（SST など）、SA（Schizophrenics Anonymous）、当事者研究、子育てミーティング、ピア・サポート、権利擁護サービスなどの支援プログラムの充実
⑧当事者相互の支え合いのネットワークづくり

養い育てられてきたのだといえます（大濱・小林・向谷地 2009）。浦河においても、現在でも次から次へと持ち上がる新しいテーマに対応すべく、新たな土づくりに奮闘しています。

最後に、これまで取り組んできた浦河における精神保健福祉活動の特徴について向谷地は、以下のようにまとめています（表1―向谷地・川村 2008）。

これらの特徴は、浦河におけるコミュニティ支援の現時点の到達点でもあります。以後、本書では、これらの浦河におけるコミュニティ支援の特徴をそれぞれの領域の支援者から順次実践紹介していただきます。

▼文献

浮ケ谷幸代 2009『ケアと共同性の人類学――北海道浦河赤十字病

院精神科から地域へ』生活書院
浦河赤十字病院五十年史編集委員会＝編 1988『浦河赤十字病院五十年史』浦河赤十字病院
浦河べてるの家 2002『べてるの家の「非」援助論――そのままでいいと思えるための25章』医学書院
浦河べてるの家 2005『べてるの家の「当事者研究」』医学書院
大濱伸昭・小林 茂・向谷地生良 2009「地域づくりの観点から――先進的地域に学ぶ①浦河」『臨床心理学』9-5；627-634
小山内美智子 1997『あなたは私の手になれますか――心地よいケアを受けるために』中央法規出版
川村敏明・向谷地生良＝監修 2008『DVD＋BOOK 退院支援、べてる式。』医学書院
斉藤道雄 2009『悩む力』みすず書房
全国自立生活センター協議会＝編 2001『自立生活運動と障害文化――当事者からの福祉論』全国自立生活センター協議会
中西正司・上野千鶴子 2005『当事者主権』岩波新書
広田伊蘇夫 2004『立法百年史――精神保健・医療・福祉関連法規の立法史』批評社
べてるの家の本制作委員会 1992『べてるの家の本――和解の時代』浦河べてるの家
向谷地生良 2006『安心して絶望できる人生』NHK出版
向谷地生良 2009『統合失調症を持つ人への援助論――人とのつながりを取り戻すために』金剛出版
向谷地生良・川村敏明 2008「〝当事者の力〟に支えられる精神医療」『現代のエスプリ』487；132-144
横川和夫 2003『降りていく生き方――「べてるの家」が歩む、もうひとつの道』太郎次郎社

第3章

浦河べてるの家と臨床心理的地域援助

小林 茂

1 はじめに

社会福祉法人浦河べてるの家（以下、浦河べてるの家）の立ち上げから深く携わってきた向谷地生良氏が、浦河日本赤十字病院（以下、浦河日赤）に赴任したのは一九七八年三月のことになります。このときから東京都の約二倍強の面積を持つ日高地方でただ一人の精神科ソーシャルワーカーとしての歩みを始めたことになります（向谷地 2009）。精神保健福祉士の資格制度ができたのが一九九七年ですから、当時はまだ社会的に精神科ソーシャルワーカーとしての専門職の位置づけが十分にされてはいなかったと思われます。しかし、現在の浦河日赤には専任のソーシャルワーカーが三名常駐し、ほかに浦河町の社会福祉協議会、日高振興局の福祉事務所にも社会福祉士などの有資格者が働くようになっています。また浦河べてるの家にも正職員の精神保健福祉士の有資格者が四名も働くまでになりました。日高地方に一名しかいなかった一九七八年当時と比べると雲泥の差であると言えます。一専門職が地域に根づくまで二〇〜三〇年の歳月が必要になるのかと思わされます。

さて、ここで臨床心理士の話題としますが、現在の日高地方の臨床心理士の有資格者の状況を述べますと、意外にも筆者一人のみとなります。それも資格制度上の問題もあり、職場では臨床心理士として位置づけられているわけではありません（大濱・小林・向谷地 2009）。弱冠二二歳で浦河に赴任し、ただ一人のソーシャルワーカーとして福祉の道一筋に専念してきた向谷地氏と比べられるものではありませんが、奇しくも後追いするかのような立場を経験しています（ついでながら、筆者は牧師でもあります）。日高地方に一職域が新たに加わったことで、支援に新たな広がりが得られるならば幸いと努力しています。

本章では、こうした背景や状況を前提として、筆者なりに浦河べてるの家におけるコミュニティ支援を臨床心理の視点に立って紹介したいと思います。

2 臨床心理行為の必然性と担い手

浦河では、先のような背景から、本来なら心理支援を中心に担う心理士がいないという事情もあり、伝統的に精神科におけるリハビリテーション、臨床心理的な行為をソーシャルワーカーが担ってきた経緯があります。浦河における生活技能訓練（以下、ＳＳＴ）の導入についても、一九九四年の診療報酬のなかに取り入れられるなどの後押しもあり、ソーシャルワーカーが積極的に導入を図ってきました。しかし、ソーシャルワーカーが治療技法に手を染めることについて一般的には躊躇するという現実を、向谷地氏は次のように述べています（向谷地 2009）。

一般的にソーシャル・ワーカーというのは、ＳＳＴに対して非常に否定的で冷たい。それは、ソーシャル・ワーカーの持つ良心の証なのですが、ＳＳＴに、生活技能訓練とか、ある種の治療的な技法や一方的な指導という印象を持っているので、ソーシャル・ワーカーはそういう技法に手を染めたりしない。訓練というと、上からの視点でそれを強いるような印象がある。だからそういうことはしない。食わず嫌いなのです。（p.208）

しかし、別の箇所では、精神保健福祉士と臨床心理士の相違について、次のような指摘をしています（向谷地 2009）。

臨床心理士ですと、心理学的なアセスメントをベースに、社会的なトラブルや困難を改善するとか、治療をするとかというアプローチが中心にあると思うのです。その点、社会福祉の立場に立ったソーシャル・ワーク実践の目のつけどころは、具体的に困難を抱えた人の「安心して暮らす」という現実をいかに創出するか、にあると考えています。一人一人の個人の安心と同時に、家族や地域や社会の安心の実現も視野に入れた「変革」を志向するということを私は大切にしています。（p.194）

こうしてみると、福祉の立場に立つソーシャルワークの中心に臨床心理的な行為を据えていくことには、基本的には慎重であるというのがソーシャルワーカーの立場になると言えます。けれども、浦河では、特に精神科の医療に携わりつつ、ほかに臨床心理行為を担う者がいないなかで、ソーシャルワーカーが臨床心理的な行為を担わなければなりませんでした。そのため、臨床心理的なアプローチの導入は、ソーシャルワークからの逸脱ではなく、現場のニーズに即した必然性であったと思われます。欧米ではコメディカルである看護師なども認知行動療法の担い手の中心

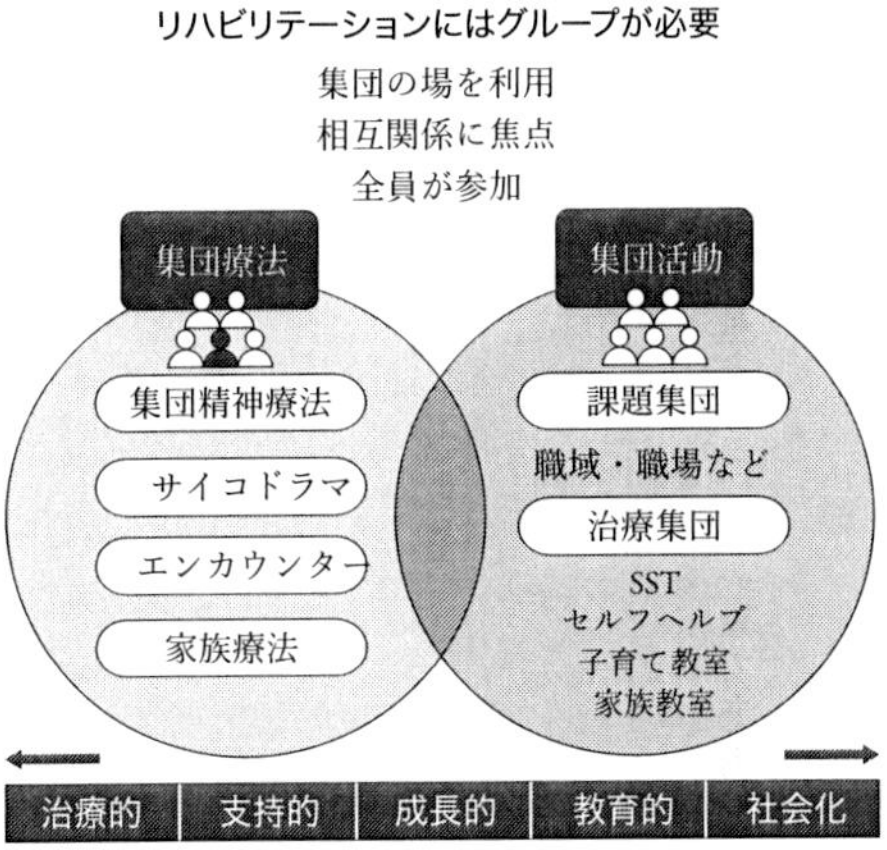

図１　集団療法と集団活動（野中 2003）

になってきていることを思いますと、日常的に現場に近い職種の者が、与えられた現実に即して臨床心理的な行為を担うようになるのは実際的であると言えます。また図1は、集団療法と集団活動を図示したものですが、治療的な方向に向かう集団療法に比べ、より教育的で社会化の方向性を持つＳＳＴなどの集団活動は、ソーシャルワークの指向性にも適合しやすかったと言えます。

そこでリフレームしてみますが、浦河日赤のソーシャルワーカーは、意図せず臨床心理援助の担い手となり、ソーシャルサポートもしくはコミュニティケアの側面から始まって、浦河スタイルとも言えるグループワーク、ＳＳＴや当事者研究など集団活動（集団療法）を発展させてきたということになります。この意味で、臨床心理行為に重心をおく浦河日赤のソーシャルワーカーは、コミュニティ心理士とも言える立場にあり、臨床心理的地域援助を行なってきたと指摘できます。

もちろん、臨床心理を専門とする者からすれば、継続的で構造化された個人面接や心理査定に基づくアプローチなど、より臨床心理行為に近い心理援助が浦河でもできると支援の厚みが増すと感じています。これは今後の課題でもあります。

また、精神医学が生物学的精神医学を主流とし、ソーシャルワークが社会変革や社会的な援助などを目指すものと自己規定したとしても、現実の個人と対面したときには臨床心理的な援助がどうしても必要になります。ある面、浦河の実践も、近接領域がいかに臨床心理の知見を必要とし、有効に活用してきたのか、その例証であると言えます。Bio-Psycho-Social Model がいわれて久しいのですが、どの一領域から出発したとしても、ほかの二領域を意識できなければ、実際的で連携がとれた良質の支援には結びつきません。

ここでは、そうした支援を受けてきた浦河べてるの家の実践という、臨床心理的地域援助の成果を強調したいと思います。

3 コミュニティ感覚と社会変革

表１　コミュニティ心理学の10の理念（植村ほか2006）

①人と環境の適合を図ること
②社会的文脈のなかの存在としての人間という視点
③人が本来もっている強さとコンピテンス（有能性）を重視すること
④エンパワメント（力の獲得）という考え方
⑤治療よりも予防を重視すること
⑥人の多様性を尊重する姿勢
⑦代替物を選択すること
⑧人々がコミュニティ感覚をもつこと
⑨他の学問や研究者・実践家とのコラボレーション（協働）
⑩社会変革を目指すこと

浦河べてるの家というと思い出されるのが、「弱さを絆に」「手を動かすより口を動かせ」「苦労を取り戻す」「べてるに来れば病気が出る」などのさまざまな〝理念〟です。同様に、コミュニティ心理学もいくつかの〝理念〟を有しています。その一つに「社会変革を目指すこと」が挙げられます（表１）。

植村は、「社会変革の成否」の模擬事例として、地域に障害者の施設を建設する際に起こりがちな住民の「総論賛成・各論反対」への介入を紹介しています（植村ほか2006）。そこでは、コミュニティ心理学者が研究者としての科学的中立性を守りつつ、価値観には中立的ではなく、社会変革プログラムを積極的に擁護し、人々に社会問題を理解させ、利用者の立場に立って説得する必要があることを説いています。浦河でも同様に、一九九一年に地域住民と浦河べてるの家のメンバーや関係者が共に語り合う「精神障害について学ぶ会」（後の「こころの集い」）が開催されました。その最初の集いのタイトルが「偏見・差別大歓迎！　けっして糾弾いたしません」というものでした。後日譚として、浦河べてるの家と地域住民との対話は、やや趣が違っていて、偏見をなくそうという目的ではなかったそうです。むしろ、浦河べてるの家のメンバーらが「偏見？　ああ、あたりまえです。差別？　みんなそうですよ……あまり無理して誤解や偏見をもたないように努力したり、自分を責めたりもしないほうがいいんです。体をこわしますから」といった調子で、逆に支援者側が「地域には偏見が渦巻いている」という誤解と偏見に気づかされたと伝えています（浦河べてるの家 2002）。今では、地域住民の誤解や偏見の内容も移り変わり、「次期浦河町長選挙にべてるのメンバーが立候補するというのは本当ですか？」「（廃業した）あの大通りのカラオケ店をべてるが買ったんだって？」というような、私たちのほうが耳を疑うものになっています。これまでの浦河べてるの家の活動が地域住民からみて常軌を逸したものであったためか、受ける誤解や偏見さえも〝べてる的〟になってきています。

もちろん、地域には、まだまだ精神疾患を持つ当事者への厳しい見方や無理解、当事者たちが地域で暮らすことによるさまざまなトラブルもあり、地道な対応も求められます。ですが、こうした問題は、当事者たちがコミュニティに生きる一員であればこそ起こる価値あるテーマとして、積極的な意味を見出し順次対応しています。

4　非専門家の力の活用

現在、筆者は、グループ・ホーム、ケア・ホームなどの生活支援部門のセンター長をしていますが、地域に住み始めた当事者の直接的な支援には、世話人、生活支援員の協力が欠かせないものと実感しています。しかし、国の生活支援に対しての報酬単価が低すぎるため、その全員が非常勤職員雇用の心理／精神部門の非専門家です。けれども、コミュニティ心理学では、専門家の直接的な支援とともに、非専門家の協力が欠かせないことが早くから指摘されています。また筆者は、長らくボランティアによる電話相談活動にも携わってきましたが、いのちの電話活動の電話相談員に代表される非専門家による働きが臨床心理的地域援助に欠かせないものであると実感しています。

しかし、大変残念なことに、臨床に携わる専門職の側から、こうした非専門家が不当に低く評価される場面に居合わせることがあります。昨今、ナラティヴ・アプローチに代表される社会構成主義の価値観が、クライエントの〝自分についての専門性〟を見出すに至っているのに、非専門家と呼ばれる人の〝非専門家ならではの専門性〟が認められないのはなぜでしょうか。たとえば、住居での食事作り、掃除や洗濯、服薬の支援などの生活支援をしながら、当事者たちの相談事を聞き、対応する住居の世話人の支援技術には驚くものがあります。たしかに、その技術は各個人の持ち味を背景にしたもので、普遍化され、洗練されたものではありません。また、人前で支援の成果を研究発表したり、専門家としての期待を受けながらＳＳＴなどの技法を展開するわけではありません。社会的な評価も皆無です。しかし、当事者の地域生活を直に支えているのは、世話人に代表される非専門家の支援の力であると受け止めています。それだけに、研究者や専門家、雇用者、政策担当者は、非専門家の陽の当たらないところを意識して掘り起こし、積極的に評価していく必要があると感じています。専門家だけを優遇し、その割合を高めたら良いコミュニティ支援ができるというのは、雇用者の理解のなさか、専門家のおごりか、根拠のない確信にすぎないのです。筆者は、浦河べてるの家のコミュニティ支援の要として、こうした非専門家の力をいかに引き出し、活用できるかに心を配っています。心がけとして、非専門家の〝生活の知恵〟と専門家による〝臨床の知〟に上下優劣をつけたりすることなく、尊敬の念をもって連携しています。

5 当事者主体というアプローチ

さらに、浦河べてるの家の活動で特筆される独自のものに、〝当事者研究〟というアプローチがあります。このアプローチの詳細は関連書籍に譲りますが、当事者研究とは当事者自身の専門性を活かした援助技法です。この技法では、当事者は自分自身の病気や障害の専門家であり、職業上の専門家は当事者とともに、問題に等距離で向き合うパートナーシップの関係に置き換えられます（向谷地 2009）。専門家は、いわば共同研究者の位置に立つと言えます。実際に、研究を進める〝当事者という名の専門家〟の研究発表に立ち会うと、その展開の見事さ、その人らしい苦労のメカニズムと対処法に感心させられます。そして、この研究の良い点は、けっして重く深刻にならず、その人なりのユニークさと笑いが生まれるところです。

また、浦河べてるの家では、職員に当事者スタッフを数多く採用していることや当事者活動が盛んであることが特色として挙げられます。利用者である当事者も、スタッフの椅子に座ってくつろいでいる場面がしばしばあります。そのため、見学に来られる方が、「誰がスタッフで、誰が当事者の人か、よくわからない」「失礼ですが、あなたは当事者の方ですか？」と尋ねたりします。これらの例からもうかがい知れることですが、浦河べてるの家では、支援者と被支援者、専門家と非専門家、スタッフとユーザーの境界や距離感が質実外見ともに大変低いことが指摘できます。

そのためもあってか、浦河べてるの家では、伝統的心理臨床モデルは元より成り立ちません。またコミュニティ心理援助モデルにも当てはまることなく、たとえば、介入の対象は当事者自身による自己介入が基本となります。マンパワーの資源に至っては、非専門家の協力に加えて、当事者の協力を第一とするモデルとなっています。こうした当事者主体のサービスを、当事者によるストレ

表2　コミュニティ心理援助モデルと浦河モデル（植村ほか（2006）に小林が追記）

	伝統的心理臨床モデル	コミュニティ心理援助モデル	浦河モデル
①介入を行う場所	相談室・病院施設内	生活の場地域社会	生活の場・地域社会
②介入の対象	患者	生活者	当事者自身
③サービスのタイプ	治療的サービス	予防的サービス	ストレングス・エンパワメントによる予防的サービス
④サービスの提供のされ方	直接的サービス	間接的なサービス	直接的なサービス
⑤サービスの方略	特定のサービス	多様なサービス	多様なサービス
⑥マンパワーの資源	専門家のみ	非専門家の協力	当事者の協力（仲間の力）
⑦サービスの意志決定	専門家が管理決定	ユーザーと共に	当事者自身の自己決定

ングス・エンパワメントによる予防的サービスと呼びたいと考えています。

表2は、伝統的心理臨床モデル・コミュニティ心理援助モデルに浦河モデルを対比させてみたものです。伝統的なコミュニティ心理援助モデルでは、未だ「専門家＞非専門家＞被援助者」というように専門家の主導的役割や力関係に重きを置く傾向がありますが、浦河モデルでは「当事者≧非専門家・専門家」の相補関係を作り出していると指摘できます。しかし、より理想的には「伝統的心理臨床モデル」「コミュニティ心理援助モデル」「浦河モデル」が層をなしながら重複しているのが良いと思われます。

6 おわりに

先に紹介したように、浦河べてるの家の臨床心理的地域援助を作り上げてきたのは、コミュニティ心理士とも呼べる働きをなしてきた精神科ソーシャルワーカーによるものであったと言えます。もし、これが臨床心理士による立ち上げであったならば、たぶん、現在の浦河のコミュニティ支援の姿はなかっただろうと思われます。その理由について、これはソーシャルワークの特質ですが、利用できるならば社会資源を選ばない姿勢が挙げられます。それゆえ、与えられた条件に、柔軟で創造的に、そして貪欲に、活用できるサービスを多用して対応することができたと言えます。

そこで気づかされますが、やはり臨床心理士は支援技法が洗練されていて、枠が決められたところでは俄然強いのですが、何でもありのフィールドでは、なかなか力を発揮できないところがあるように感じます。しかし、コミュニティ支援には、いくつもの切り口があります。コミュニティ支援に携わる臨床心理士には、心的現実では枠を維持しつつ、外的現実では柔軟で創造的に対処できる能力が必要となります。今後も、浦河べてるの家でのコミュニティ支援の実践が、臨床心理的地域援助の良いヒントになればと願います。

▼文献

安藤延男 1989「コミュニティ・アプローチの基礎」『現代のエスプリ』269 ; 9-21

安藤延男 2009『コミュニティ心理学への招待』新曜社

伊藤絵美・向谷地生良 2007『ＤＶＤ＋ＢＯＯＫ　認知行動療法、べてる式。』医学書院

岩田和彦 2008『ＤＶＤで学ぶ新しいＳＳＴ――事例集ＳＳＴのさまざまな場面への展開１／地域生活に活かすＳＳＴ』浦河べてるの家・星屑倶楽部

植村勝彦・高畠克子・箕口雅博・原 裕視・久田 満＝編 2006『よくわかるコミュニティ心理学』ミネルヴァ書房

浮ヶ谷幸代 2009『ケアと共同性の人類学――北海道浦河赤十字病院精神科から地域へ』生活書院

浦河べてるの家 1995-1997『ベリー・オーディナリー・ピープル――とても、普通の人たち・予告編』（全七巻・ＶＨＳビデオ）

浦河べてるの家 2001『ビデオシリーズ・精神分裂病を生きる』（全一〇巻・ＶＨＳビデオ）

浦河べてるの家 2002『べてるの家の「非」援助論――そのままでいいと思えるための25章』医学書院

浦河べてるの家 2005『べてるの家の「当事者研究」』医学書院

浦河べてるの家 2006『ビデオシリーズ・べてるの家の当事者研究』（全一〇巻・ＶＨＳビデオ）

大濱伸昭・小林 茂・向谷地生良 2009「地域づくりの観点から――先進的地域に学ぶ①浦河」『臨床心理学』9-5 ; 627-634

川村敏明・向谷地生良＝監修 2008『ＤＶＤ＋ＢＯＯＫ　退院支援、べてる式。』医学書院

川村敏明・向谷地生良＝監修 2009『ＤＶＤ　べてるの家の「服薬アドヒアランス」』McMedian

斉藤道雄 2009『悩む力』みすず書房
野中猛 2000『分裂病からの回復支援——精神障害リハビリテーション論集』岩崎学術出版社
野中猛 2003『図説 精神障害リハビリテーション』中央法規出版
野中猛 2006『精神障害リハビリテーション論——リカバリーへの道』岩崎学術出版社
べてるしあわせ研究所 2009『レッツ！ 当事者研究1』NPO法人地域精神保健福祉機構・コンボ
向谷地生良 2006『安心して絶望できる人生』NHK出版
向谷地生良 2009『統合失調症を持つ人への援助論——人とのつながりを取り戻すために』金剛出版
向谷地生良・川村敏明 2008「"当事者の力"に支えられる精神医療」『現代のエスプリ』487；132-144
山本和郎 1986『コミュニティ心理学——地域臨床の理論と実践』東京大学出版会

第4章

当事者が仲間を、そして自分自身を助けること

セルフサポートセンター浦河の実践から

伊藤知之／本田幹夫

1 はじめに

浦河町という小さな町では、約二〇〇名の精神障害を抱える人が自分を助ける活動や商売に参加しています。浦河町に住む地元の人たちは、この活動に参加する人たちを「べてるの人たち」と呼んでいます。

この「べてるの人たち」の活動は、日高地方の特産品である日高昆布の直送などの事業を行なう「社会福祉法人浦河べてるの家」だけではありません。ほかにも介護用品をあつかう「有限会社福祉ショップべてる」や、パソコンの技術やイラストを描く才能を持つメンバーが集まり、共同出

資・共同受注・共同運営を行なう「協同オフィスいいっ所」(「いいっしょ」とは、北海道の言葉で「いいんじゃないの」という意味です)などの事業を立ち上げています。その「協同オフィスいいっ所」の一員として「NPO法人セルフサポートセンター浦河」(以下、セルポ浦河)がありま す。このセルポ浦河の主な活動内容は、当事者自身の自助を援助に生かすこと、浦河発の支援技法である「当事者研究」を普及させることです。本章では、そのセルポ浦河の理念〝自助の精神〟と活動を紹介します。

2 浦河の当事者活動からNPO法人の立ち上げまで

1 それは当事者同士の集まりから

浦河の当事者活動は、精神障害回復者クラブ「どんぐりの会」という患者会の発足に始まります。その発端は、一九七八年当時、長い入院を経て退院した精神障害当事者の佐々木実氏(現社会福祉法人浦河べてるの家理事長/有限会社福祉ショップべてる社長)の退院祝いを行なったことにさかのぼります。この祝いの席で、「これから先、自分たちは、この浦河という地域でどのように生きていったらいいのだろう」という、〝地域で生きる苦労〟のテーマが話題になりました。これを仲間の間で話し合ったことがきっかけとなり、浦河の当事者活動が始まりました。

当初のどんぐりの会の活動内容は、仲間が毎週集う、車で余暇に出かける、食事会を開くなど、どんぐりの会メンバーの親睦と交流が中心でした。このどんぐりの会の活動が形作られるとともに、北海道内の同時期に立ち上がった他の回復者クラブとの交流も生まれることになりました。そして、以前から親交の深かった札幌市の回復者クラブ「すみれ会」や、帯広市の回復者クラブのメンバーとの交流から、「北海道の回復者クラブのつながりを深めよう」という話が持ち上がりました。これが後の北海道内の回復者クラブの集まり、「北海道精神障害者回復者クラブ連合会」（道回連）に結びつくことになりました。この過程で浦河の当事者の活動もさらなる活発化をみせ、浦河の回復者クラブの活動拠点が「べてるの家」と命名されたり、仲間の住む共同住居が次々にできるなど活動が広がりました。

2　NPO法人セルフサポートセンター浦河の立ち上げへ

二〇〇六年九月は、浦河の当事者活動で忘れることのできない契機となった時です。それは浦河の精神障害当事者が協力して当事者自身が作り上げる全国大会「ぜんせいれん・浦河大会」（第九回全国精神障害者団体連合会全国大会・浦河大会）を開催したことです。〝地域で生きること〟をメインテーマに、基調講演や一二の分科会などを盛り込んだ二日間の大会でした。精神障害当事者を中心に、全国から延べ一〇〇〇人の人々が浦河町に集まりました。その賑わいの様子は、浦河の大通りを歩く人が大会参加者で埋め尽くされるほどでした。

この全国大会開催の成功をきっかけにして、仲間の間から「当事者自身の学びの場、仲間の支え合いの場を回復者クラブから独立させてはどうか」という積極的な声があがりました。これを受けて二〇〇七年一月に当事者主体のサポート活動を目的とするＮＰＯ法人の設立準備会を発足させました。その後、毎週のミーティングを重ね、ＮＰＯ法人の名称も「セルフサポートセンター浦河」と決め、またＮＰＯ法人の理念についてもミーティング参加者のなかで議論を深めていきました。そして二〇〇七年六月にはＮＰＯ法人設立総会を開き、「ぜんせいれん浦河大会」から数えて一年後の九月には、念願のＮＰＯ法人格の認証を北海道庁より受けて現在に至っています。

3 セルポ浦河の取り組み

1 セルフサポートとセルフヘルプの目的

セルポ浦河の目的は、「障害当事者自身が自分自身を、そして仲間を助けること」です。浦河町およびその周辺地域に住んでいる障害当事者自らが自分自身を助けること（セルフサポート）を応援し、また当事者自身が町の医療・福祉など社会資源を活用できるように相互支援することを目指し活動をしています。また、セルフヘルプとは、「当事者本人のための当事者自身による活動を意味する」と筆者（伊藤）は理解しています。さらに精神障害者の当事者活動の分野においては、「地域の精神保健福祉施策などの貧しさを実感し、それを変えるために行動すること」を意味するといえます（向谷地 2006）。

ですから、支援者であるか障害者であるかにかかわらず、地域の精神保健福祉施策などの貧しさを実感する誰もが当事者でありえますし、セルフヘルプを必要とする者であるといえます。そして、このセルフヘルプのための貴重な経験を、精神障害当事者が持っているといえます。セルポ浦河は、その貴重な経験の発信源となるよう努めています。しかし、ここで大事なことは、こうした活動も、障害当事者のみの力だけでは成り立たないということです。また、反対に障害当事者ではない支援者だけの力でも成り立ちません。互いが補い合う共助の立ち位置が大切であると感じています。

2 セルポ浦河の組織と各部の活動

次に、セルポ浦河の組織と各部の活動を紹介します。セルポ浦河は、意思決定機関の総会・理事会と、六つの事業部で構成されています。

- 総務部（事務局）――他の各事業部の活動を統括し、コーディネートします。また、全体の会計やイベントなどの広報活動を行なっています。
- しあわせ研究所――当事者研究の普及活動を行ないます。浦河の当事者活動の新拠点「カフェぶらぶら」にて「当事者研究カフェ」を開催しています。この活動は、カフェぶらぶらの場所を貸していただき、当事者だけの手で当事者研究を行なうという事業です。カフェで飲み物を注文して楽しく当事者研究を行ないます。
- 国際交流部――浦河の当事者活動は、日本だけではなく世界からも注目され、外国からも浦河へ見学に来ます。浦河の当事者のなかには、英語などの外国語が堪能なメンバーがいるので、そうした方々とも交流しています。将来的には、インターネットを通じて浦河の当事者の活動を英語などの諸外国語で情報発信することを考えています。

●地域交流部――浦河の地域の人々との交流を推進し、積極的に交わりの機会を設けます。たとえば、浦河町在住のアイヌ民族の方々との交流会を開き、音楽を互いに演奏したり、アイヌ民族に伝わる踊りを参加者全員で踊ったりして交流しました。ほかに、これまでも共同住居でそれぞれ食事会を行なっていたのですが、各住居のメンバーが分断されることなく食を通じてつながりが持てると良いと考えています。浦河の当事者活動が始まった頃からメンバーの交流を兼ねた食事会が行なわれていましたが、次第にほかの事業や活動が盛んとなり、つながりが後退していった感があります。食事と服薬と仲間とのつながりは、当事者が地域で生きるための大切なテーマです。現在は、原点に戻り、食を通じた関わりが回復できるように取り組んでいます。

●研修部――ピアサポーター育成セミナーやピアサポート研修会など、当事者自らが学ぶ研修会を開催します。

●広報出版部――セルポ浦河の活動報告や、浦河で活動している精神障害当事者の紹介や当事者研究、当事者に役立つ地域の社会資源情報などを伝える機関紙「手とて新聞」を発行しています。セルポ浦河の理念に共感してくださった応援会員（賛助会員）にも送付しています。

メンバーで編集会議を行ない、掲載する内容を決定しています。この機関紙は、ほかにも浦河べてるの家に見学に来られた方や、町の商店街に置いてもらい、セルポ浦河の活動を紹介しています。

3 セルポ浦河の取り組み

セルポ浦河の活動開始時に比べ、年々活動の幅も広がってきました。当事者自身が運営しているので当事者活動ならではの苦労もありますが、何とか活動も軌道に乗ってきたという実感が湧いてきています。

たとえば、浦河町では、地域の精神障害当事者の活動報告などを行なう「べてるまつり」というイベントが毎年六月に行われています。その前日には、全国の当事者が自分自身の当事者研究を発表し、交流する「当事者研究全国交流集会」という大会が行なわれます。毎年五〇〇名以上の参加者が集まる大きな大会ですが、当事者自身が発題者の募集や会場などを打ち合わせ、当日の司会などの役割も当事者が担う手づくりのイベントです。二〇〇八年度からは、この「当事者研究全国交流集会」事務局をセルポ浦河が運営しています。

次に、「ピアサポーター育成セミナー」や「ピアサポート研修会」といった研修会を開催しています。「ピアサポーター育成セミナー」では、セルポ浦河の理事でもある北海道医療大学教授の向谷地生良氏による「ピアサポートによる仲間の力」と題した講演会、北海道各地で活躍する退院支援事業のピアサポーターによる講習会、地域で暮らす仲間の応援活動をしている当事者を迎えてシンポジウムを行ないました。また「ピアサポート研修会」では、ピアカウンセラーとして活躍している小和瀬芳郎氏をメイン講師に迎え、就労について関心を持つ当事者自身によるシンポジウムを開き、研修会参加者とともに議論を深めました。

このほかにも、「心の環境」にも関心を持つ環境活動家の辻信一氏（明治学院大学国際学部教授）の講演会、二四時間テレビのチャリティ事務局開設とイベント開催、食事支援がない共同住居の仲間への調理支援活動、NPO法人の機関紙「手とて新聞」発行を通じた仲間と地域への情報発信、浦河の当事者活動を紹介するポータルサイト「べてるねっと」を用いた浦河の当事者研究発表の掲載などと多彩な活動を展開しています。

しかし、より浦河的で、仲間の応援という言葉の意味合いが強い事業として挙げられるのが、浦河赤十字病院の精神科病棟（第七病棟）の「病棟療法プログラム」への協力です。病棟療法プログラムにおけるセルポ浦河の主な活動内容は、浦河赤十字病院精神科病棟に入院している仲間との交流、茶話会やクリスマス会などの行事への参加などです。病棟の看護師と協同し、企画会議の段階からセルポ浦河のメンバーが参加し、話し合いを進めながら入院している仲間の退院に向けて協力しています。

また、セルポ浦河の活動として、地域生活をしている障害当事者へのピアサポートの実践が挙げられます。その一例を紹介させていただきます。

▼ピアサポートの一例――Aさん（三八歳・男性）

Aさんは地元で統合失調症と診断を受け、日に三五錠の服薬、および二時間ごとにリスパダールを服薬していました。発達障害傾向もある方です。浦河に来るまでは母親に依存した生活を送っており、Aさんが言うには「生まれてから三五年間、母親から二メートル以上離れたことがなかった」ということです。そのAさんが浦河に来た当初は、アパートに母親と二人で暮らしていましたが、やがて母親が地元に帰り、浦河での一人暮らしが始まりました。とたんに予定通り順調に行き詰まり、物を壊す爆発依存、付き合う女性に依存して具合を悪くさせて次々と入院させてしまう女性依存、何かあると警察に電話をかけ警察官となじみの関係になる警察依存など、地域でさまざまな話題を披露しました（後でAさんに聞くところによれば、当時は相談できる仲間が浦河におらず、警察しか相談する相手を知らなかったということがわかりました。Aさんだけではなく、浦河の当事者は皆、土日祝日になると警察署や消防署が大好きになります）。そのため、Aさんに対する周りの仲間からの評判はあまり良いものではありませんでした。そこで、浦河べてるの家と浦河赤十字病院のケース会議で、つねに仲間として行動を共にする当事者（ピアサポーター）の応援を受けることにしました。

ピアサポーターの応援を受けるようになった後も、Aさんの地域でのエピソードは尽きることがありませんでした。たとえば、買い物にいったコンビニでパニックとなり、自分の荷物を全部広げてコンビニ店内に出店する、ピアサポーターとの毎日の振り返りミーティングができずに混乱してピアサポーターの車をハンマーで破壊し、修理後の車が修理前よりも状態が良くなり感謝される、部屋の床下から約一メートルほど溜め込んだゴミからガスが発生し、その異臭にガス漏れと勘違いして消防署に通報するなどがありました。

しかし、ピアサポーターが浦河べてるの家での作業時に側につく、お金の使い方を一緒に考える行動支援などといったピアサポートを受けることで、仲間の力を借りるスキルを身につけていきました。それと同時に、少しずつ周囲の仲間のAさんへの評価も変わっていきました。こうしてAさんは、作業をする仲間や、新しく住み始めた共同住居の仲間ともつながりが持てるようになりました。Aさんは、ピアサポーターを介して仲間の応援も受けるようになり、母親と離れて地域で暮らすことができるようになりました。入院もせず、毎日の服薬も六錠で済むようになっています。そして二〇〇八年には、Aさんの華々しいエピソードと当事者仲間への貴重な資源（体験）を与えた貢献が認められ、幻覚妄想大会のグランプリを受賞しました。

副賞として母親との距離を測るメジャーの進呈を受けました。幻覚妄想大会グランプリ受賞者は、その後、地味になっていくジンクスがあるのですが、類にもれずAさんの苦労は右肩下がりで続いています。しかし、Aさんのような「母親依存」という苦労のテーマ、地域で生活する苦労のテーマは、浦河に住むほかのメンバーにとっても大切な一大研究テーマとなっています。

セルポ浦河では、こうした苦労を抱える仲間に、弱さを絆に〝研究〟という視点をもってピアサポート支援を行なっています。

4　見えてきた課題

浦河には、三〇年を超える当事者活動の歴史と伝統があります。しかし、NPO法人としてのセルポ浦河の活動は、まだ緒についたばかりです。そのため、セルポ浦河の活動も順調に課題が増えています。

第一の課題として、当事者主体のセルポ浦河の活動を、どのように浦河の障害当事者と共有し、浸透させていくかということがあります。浦河の障害当事者全員がセルポ浦河の活動に参加しているわけではありません。セルポ浦河の活動が障害当事者にどれほど有益であるか我が身をもって体験していますが、これがほかの仲間にも伝わるようにしたいと考えています。

第二の課題は、理念に沿った活動をしっかりと行なっていくことです。セルポ浦河の「当事者が自分自身を、そして仲間を助ける」という理念は、設立準備会から仲間の間でミーティングを重ねて決めたセルポ浦河の柱といえる理念です。しかし、セルポ浦河の活動の展開と規模が拡大していくとともに、理念が置き忘れられることになり、皆順調に体調を崩しました。そのため、この事業の活動や目的をことあるごとに振り返り、確かなものにするようにしたいと考えています。

第三の課題は、チームメンバーやチームリーダーの育成の課題です。セルポ浦河の責任者も当事者ですから、彼らが調子を崩したり、入院することが〝ごく普通〟にあります。ですから、担当者が不在となっても残りのチームメンバーで事業を行なっていくことが課題となります。これからは事業部門を牽引するリーダー的存在のチームメンバーを育てるために、各事業部長はほどよく不調であることが期待されます。

第四の課題は、メンバーのモチベーションを上げるという課題です。メンバーは、セルポ浦河の活動以外にも浦河べてるの家や浦河赤十字病院デイケアの活動などに参加しています。そのため、行事のスケジュールやミーティングの予定が重複してしまうことがあります。セルポ浦河でも各事業部で毎週ミーティングを開いていますが、そのスケジュールとほかの予定が重なると、途端に立ち往生してしまいます。これは統合失調症などの障害当事者ならではの持ち味ですが、各事業部のメンバーの意識が高まり、事業ミーティングを積極的に進め、活発な事業展開に結びつくようになることが期待されます。ただし、モチベーションも上がりすぎると下げることができず〝ぱぴぷぺぽ状態〟となって行き詰まるので、ピアサポートの真価も問われるような課題です。

4 まとめ

セルポ浦河のメンバーは、浦河の地域に住む一市民として、広く社会に影響を与えていくことが私たちの生きる意味となるのではないかと考えています。

（1）浦河の当事者活動の理念に、「私たちの病の体験は、誰にとっても有用で大切な人生経験です」というものがあります。セルポ浦河は、障害当事者自身がこの地域の住民として有益な体験をした、この有益な体験は地域に住むどの住民にとっても有益なものである、という気持ちが持てるよう応援しています。私たちは病気になり、障害を持ち、挫折体験を負っても、浦河の街や北海道日高地方の市民である、という自負心を持って生きられると信じています。

（2）病気・障害を持っている当事者も、秘められた力を持っているということを伝えたいと考えています。その一人一人の力を存分に発揮できる場を作り、そこで行なわれる活動を応援しています。セルポ浦河は、そのような障害当事者の活動拠点となっています。

（3）セルポ浦河が、当事者による当事者主体の公的な活動を行なうことで、当事者も社会を構成している市民であるという意識を強めていけるように応援しています。セルポ浦河の理念には、「私たちは、病気や障害を抱えても保護されるばかりではなく、一人の町民として地域に役割を持ち、貢献したいと思います」というものもあります。公的な活動を通して、地域の方々と交流し、地域に貢献し、そのなかで病気・障害を体験した住民としての視点を生かして活動しています。

以上のような意識をもって、関係機関などと連携をとりながら浦河のコミュニティ支援に参加しています。

▼注記

ピアサポートの一例の掲載を快諾し、協力してくださったAさんに心から感謝いたします。

▼文献

浦河べてるの家 1995-1997『ベリー・オーディナリー・ピープル――とても、普通の人たち・予告編』（全七巻・VHSビデオ）

浦河べてるの家 2001『ビデオシリーズ・精神分裂病を生きる』(全一〇巻・VHSビデオ)
浦河べてるの家 2002『べてるの家の「非」援助論――そのままでいいと思えるための25章』医学書院
浦河べてるの家 2005『べてるの家の「当事者研究」』医学書院
浦河べてるの家 2006『ビデオシリーズ・べてるの家の当事者研究』(全一〇巻・VHSビデオ)
大濱伸昭・小林 茂・向谷地生良 2009「地域づくりの観点から――先進的地域に学ぶ①浦河」『臨床心理学』9-5；627-634
川村敏明・向谷地生良＝監修 2008『DVD＋BOOK 退院支援、べてる式。』医学書院
川村敏明・向谷地生良＝監修 2009『DVD べてるの家の「服薬アドヒアランス」』McMedian
小林 茂 2010「浦河べてるの家の活動とコミュニティ支援」『臨床心理学』10-1；117-122［本書第1部第3章］
斉藤道雄 2002『悩む力』みすず書房
精神保健福祉白書編集委員会 2009『精神保健福祉白書二〇一〇年版――流動化する障害福祉施策』中央法規出版
べてるしあわせ研究所 2009「レッツ！ 当事者研究1」NPO法人地域精神保健福祉機構・コンボ
べてるねっと「当事者研究の部屋」(http://bethel-net.jp/tojisha.html)
向谷地生良 2006『安心して絶望できる人生』NHK出版
向谷地生良 2009a『統合失調症を持つ人への援助論――人とのつながりを取り戻すために』金剛出版
向谷地生良 2009b『技法以前――べてるの家のつくりかた』医学書院
向谷地生良・川村敏明 2008「〝当事者の力〟に支えられる精神医療」『現代のエスプリ』487；132-144
向谷地生良・小林 茂 2009「浦河におけるコミュニティ支援(総論)」『臨床心理学』9-6；816-821［本書第1部第2章］

第5章

安心してサボれる会社づくり

浦河べてるの家の就労支援

池松麻穂／秋山里子

1 はじめに

浦河べてるの家の場は、仕事の場、生活の場、ケアの場の三つの要素から成り立っています。その仕事の場の中心を担っているのが「べてる就労サポートセンター」となります。べてる就労サポートセンターは、現在の障害者自立支援法の枠組みのなかで、多機能型事業所として就労継続支援B型事業、生活介護事業の二部門で活動しています。しかし、私たちの就労支援は、「ただ仕事ができればよい」とは考えてきませんでした。このことは、「ただ地域で生活ができればよい」「ただ治療（ケア）が受けられればよい」と個々で独立させて考えてはいないことを示しています。仕事の場、生活の場、ケアの場の三つの要素の調和を模索しながら、その先にあるものを追求して毎日取り組んでいます。本章では、こうした模索した歩みを続ける、浦河べてるの家の就労支援の取り組みについて紹介します。

2　右肩上がりの苦労と心の病気

1　右肩上がりの苦労のゆくえ

私たちが住む日本の社会は、株価がピークとなった一九八九年末からバブル経済がはじけ、市場が低迷したまま、「失われた二〇年」と呼ばれています。この経済的な停滞は、今も変わり映えせず、もしかしたら〝失われ続けて三〇年〟となりそうな様相です。しかも、市場の停滞だけでなく、現状は長期化するデフレ経済を作り出しました。一九九四年頃から顕在化してきたデフレ経済は、それによって消費や雇用に悪影響を及ぼし、平成不況と呼ばれています。企業は、国際社会での競争力強化の必要性に迫られて、コスト削減の対応が必要になるとともに、正規雇用者を減らし、非正規雇用の従業員を増やすようになりました。そのため、こうした社会の状況は、少しでも無駄を省き、労働者が何倍も働かなければならない過重労働の社会、働きたくても継続して働き続けることが難しい不安定雇用の社会を作り出したと感じます。

みんなが右肩上がりを追い求めて挫折し、なお右肩上がりの栄光を諦めきれないでもがいている。社会全体が右肩上がりの苦労に囚われて生きていると言えます。

2　国民病となったこころの病

このような状況は、当然、人間に無理を強いますから、働く人々の心身に影響を与えないわけはありません。

二〇〇七年六月二五日月曜日のＮＨＫの放送で「三〇代の〝うつ〟──会社で何が起きているのか」という放送がありました。ＮＨＫのホームページの番組紹介には、「若い働き盛りの世代に〝うつ〟が増えている。上場企業二〇〇社のうち六割が、この三年間で「心の病」が増加したと回答。年齢別に見ると、心の病は「三〇代」に集中している。長期休業につながるケースも多く、企業の現場はその対応に追われている。なぜ働き盛りの社員たちは〝うつ〟へと追い込まれるのか。ＮＨＫには働き盛りで〝うつ〟になった人たちから数多くのメールが寄せられている。メールや取材から浮かび上がってきたのは、合理化・効率化が進む中、現場ではしわ寄せが三〇代にのしかかっている現実。成果主義や裁量労働制といった新しい働き方が広がる中で、多くの職場で働き手が「孤立」している姿。さらに、仕事だけでなく家庭の負担も重くのしかかる。家のローンを抱え、子育てに追われる中で、家庭もまた休息できる場所ではなくなっている」と掲載されています。こうしたことからも、私だけではなく多くの人々が同じ危機感を感じていることがわかります。

また、『こころの健康政策構想会議提言書』（こころの健康政策構想会議）に紹介されていることですが、精神科を受診する人が急増していると指摘されています。厚生労働省のデータでも、精神疾患の患者数が、一九九六年の二一八万人から、二〇〇八年には三二三万人へ約一・五倍に急増したとあります。この三〇〇万人強という数字は、国民の約四〇人に一人が精神科を受診している計算になるそうです。これらは、右肩上がりの苦労が生み出した弊害といえます。

社会が右肩上がりの成長を求めた結果、会社の人材の損失や医療経済的な負担が生じるという、左肩下がりの状況を作り出した矛盾を思います。

3 降りていく生き方

浦河べてるの家は、ようやく三〇年を超える歩みとなりました。その始まりは、他の成書にも書かれている通りですが、一九八〇年に精神科病棟退院者による回復者クラブ「どんぐりの会」の有志が、空き家となっていた教会堂を住居として借り受け発足しました。世の中のバブルが弾ける九年も前に、すでに右肩上がりの苦労から左肩下がりの苦労へと生き方を転換してきた人たちが一つに集まり、浦河べてるの家を立ち上げたのです。

それ以来、私たちは、(1)人にやさしい働き方、(2)一定以上の生活のできる賃金を目指す、(3)過疎地の町浦河の経済も元気になる、という難しいテーマに取り組み続けてきました。

〝人生、ぱぴぷぺぽ〟早坂潔さんに導かれ

浦河べてるの家の就労支援は、〝人生、ぱぴぷぺぽ〟、ミスターべてると呼ばれる早坂潔さん(以下、潔さん。潔さんは、社会福祉法人浦河べてるの家の理事で、べてる祭実行委員長でもあります)によって導かれてきたといっても過言ではないと思います。

最初から私たちは、地域の人たちに働きかけて「何かをしたい」という漠然とした想いは持っていたのですが、いったい何から手を付けてよいかわからないことだらけでした。

そうした私たちのところに現われたのが潔さんでした。潔さんが退院してきて、教会に住み始めてから、宮島利光牧師、向谷地さんといった人たちがさまざまな就労支援を試み、潔さん自身も

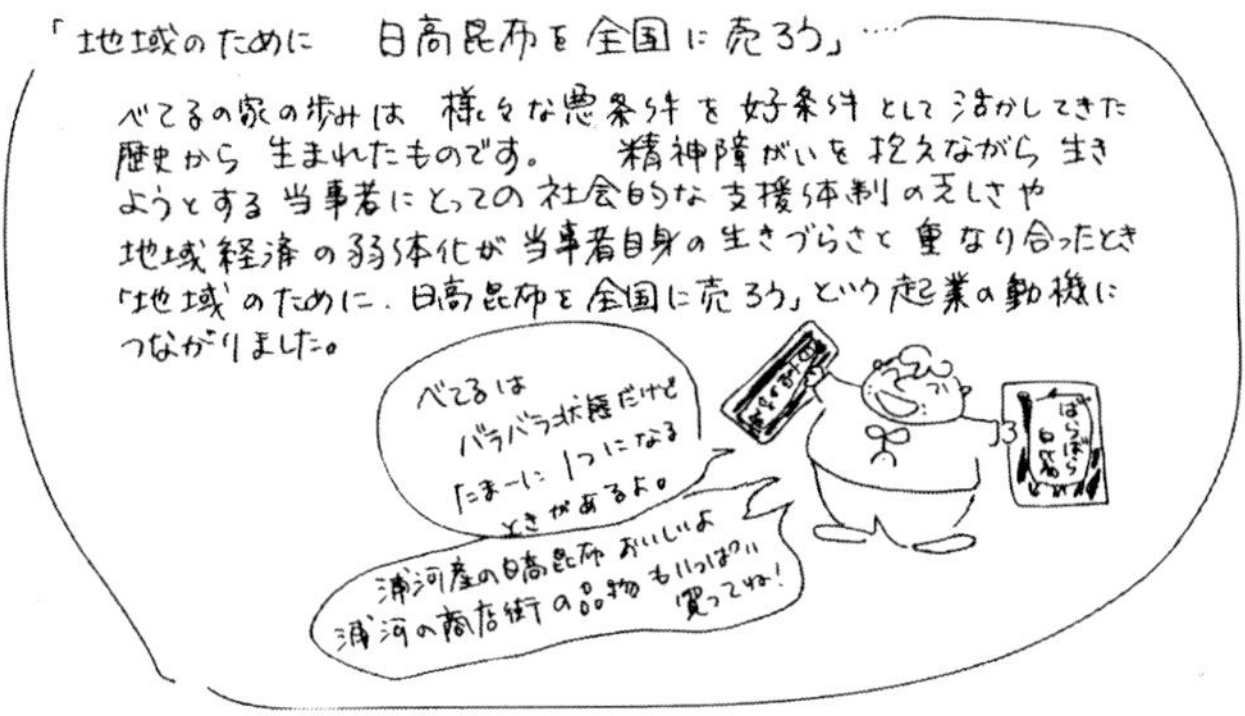
「地域のために 日高昆布を全国に売ろう」……
べてるの家の歩みは 様々な悪条件を好条件として活かしてきた歴史から生まれたものです。 精神障がいを抱えながら生きようとする当事者にとっての社会的な支援体制の乏しさや地域経済の弱体化が当事者自身の生きづらさと重なり合ったとき「地域」のために、日高昆布を全国に売ろう」という起業の動機につながりました。
べてるはバラバラ状態だけどたまーに1つになるときがあるよ。
浦河産の日高昆布おいしいよ 浦河の商店街の品物もいっぱい買ってね！

「地域のために日高昆布を全国に売ろう」

社会復帰を目指してきましたが、こうした試みはモノの見事に打ち砕かれ続けました。潔さんは、正真正銘〝右肩上がり〟が似合わない男だったのです。潔さんが働けない原因は、人並みに一日八時間どころか、一時間さえも働くことが続かないことにありました。こうした潔さんにもできる仕事としてたどりついたのが、現在、べてるの家の主力商品である日高昆布の仕事でした。当時は今のべてるの仕事とは違い、下請けの内職の仕事でした。日高地方特産の昆布を卸業者から引き受け、袋詰めして出荷する仕事です。

けれども、その昆布の内職の仕事も、潔さんには大変な苦労だったのです。内職の仕事が追い付かなくなり在庫が溜まり続けると〝ぱぴぷぺぽ〟状態のパニックになり、納期が間に合わなくなった仕事を宮島美智子さん（宮島牧師のパートナー）が徹夜で仕上げるといった様でした。この状況を何とかしようとして、向谷地さんの呼びかけで仲間の応援を請うようにしていったのです。こうして〝病棟〟から潔さんの応援のため、これまた潔さんに負けないくらいの〝右肩上がりが似合わない男たち〟が集まってきました。

当時の様子を向谷地さんは「早坂さんが三分しかもたないんだったら、だれかその三分を補う仲間を探そう。そして一人の仲間が与えられました。でもやっぱり仕事をこなすのはむずかしい。そしたらその彼の不足を補う仲間をふやそう。そうして一人が二人になり、二人が三人になり、下請けの仕事がどんどん広がっていきました」と述べています。

ただ、こうしたべてるの歩みがサクセスストーリーではないのは、潔さんの仕事を補う仲間が増えても、実労時間が三分から九分ほどに変わっただけで宮島美智子さんの仕事は全然〝減らなかった〟ことからもわかります。しかし、この出来事が、現在の浦河べてるの家の就労支援の原型を作り出したことは間違いありません。すでに、この時、「弱さを絆に」「質より量」「弱さの情報公開」といった現在のべてるの理念の萌芽がありました。

仲間が増し加えられて、仕事の効率が良くなっただとか、利益が右肩上がりに増えていっただとか、一般就労に結び付いただとか、病気が良くなっただとか、最後は大円団となり成功例となったという話ではなく、潔さんという一人の苦労人の弱さを補うため、何人もの入院患者が作業を手伝いに来て、働く輪をつくってきたことが私たちにとって重要だったのです。

このように、今から約三〇年前に、退院して地域生活を始めた潔さんという一人の人の就労支援

教会で昆布の内職をしていた当時の様子（真ん中が早坂潔さん、右が向谷地さん）

から始まった作業でしたが、潔さんが疲れたら仲間が応援に来る、その応援に来た仲間が疲れたらまた別の仲間が応援に来る、ということを積み上げてきました。こうして、浦河べてるの家の助け合って働くやり方を作り上げてきました。

その後も紆余曲折を経てきましたが、昆布の仕事が少しずつ広がり、全国で売るようになり、その他の作業や関連・関係事業を展開するようになってきました。

入院生活から退院して、地域で住み始め、食事を取り、少しずつ働きを増やし、利益を上げ、時給二四〇円まで増やしていきました。同時に、職がなく若い人たちが地元を離れていく浦河町にあって、就労先のない当事者たちのため、自ら起業することを応援し、浦河べてるの家でも当事者スタッフを増やし、当事者と支援者とも

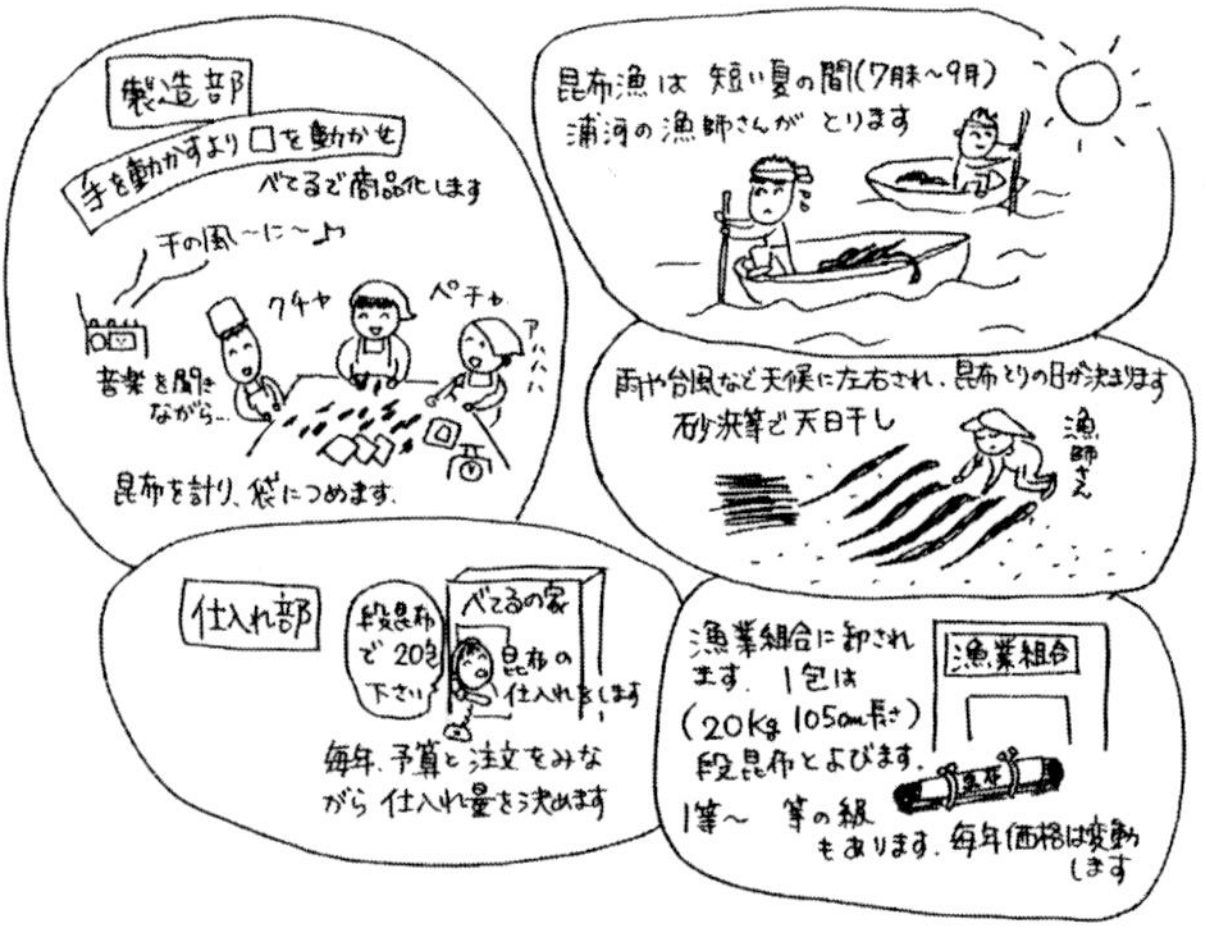

べてると言えば“日高こんぶ”――昆布商品の製造作業

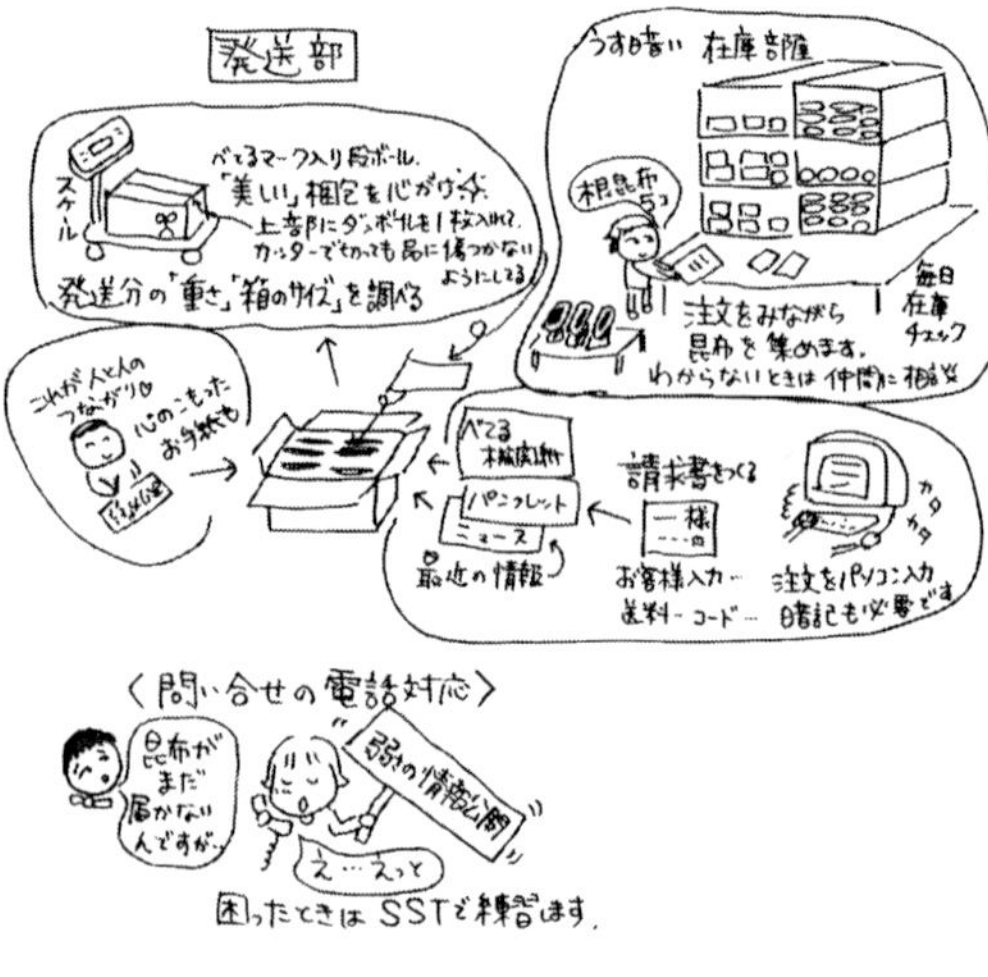

べてると言えば“日高こんぶ”――昆布の発送作業

表１　浦河べてるの家の就労支援年表

1978	回復者クラブどんぐりの会設立。
1980	空き家になっていた共同に住み始める。
1983	早坂潔、日高昆布の下請けを開始する。この頃より、紙おむつの宅配事業も開始される。
1984	宮島牧師より、「べてるの家」と命名される。この頃から浦河赤十字病院の病床数削減にあわせて、地域の共同住居を整備を始める。
1990	小規模授産作業所の認可。
1993	有限会社福祉ショップべてる設立。
2002	社会福祉法人の認可。
2006	株式会社 Mc メディアン設立。
2007	NPO 法人セルフサポート浦河の設立。
2009	協働事業所いいっ所開設。
2010	NPO 法人セルフサポートセンター浦河の東京サテライトオフィスべてぶくろ開設。
2012	当事者研究ネットワークの立ち上げ。

ども入り乱れながら仕事を作り上げてきました。現在では、より時給も上がり、当事者スタッフの割合も増えました。

4　仕事をすることの苦労と対処

ここで、病気の治療のため浦河に来て、その後、べてる就労サポートセンターの当事者スタッフとなった秋山里子さんによる仕事をすることの当事者研究を紹介したいと思います。

1　安心して働くための当事者研究

浦河べてるの家の当事者スタッフとして

人間アレルギーとは

人からのマイナスのイメージを受け取りやすく、マイナス思考に陥り、安心して人と接することができなくなる。
他人からだけではなく、自分自身に対しても起こる反応。
身体反応としては、身体が硬直し、血管が膨張し、体中の細胞すべてが圧迫される感じ。
自分からの発信が苦手で、常に人の顔色や機嫌をうかがってしまう。
人間関係を継続することが困難となり結果的に、現実世界を遮断せざるをえなくなる。

研究の方法

過去の研究では、「人間アレルギー症候群」に苦労するメンバーを募り、ミーティングを行ないました。
そこで、まず自己病名を考えました。
次に、症状の起きやすい場面や症状、そのメカニズムについての解明、そして対処方法についてのそれぞれの体験を出しあい整理しました。
仕事をしながら、小さな情報公開・共有をしました。
日々の生活のなかで、「練習」「実験」を繰り返しました。
仲間の研究に参加しながら、自分の経験と重ねてみました。

の現在の私（秋山里子）の仕事は、カフェぶらぶらのコーディネーター、地域で生活している仲間や病棟に入院中の仲間と支えあうピアサポーター、日中活動の食事提供支援の利用者確認業務、日中活動利用者の出勤簿整理、月末の事務処理、見学・研修・実習のオリエンテーション業務（年間約三〇〇〇人！）などです。

過去に私は、あらためて自分と人を知り、自己病名「人間アレルギー症候群自己虐待型」という自己否定のメカニズムを解明し、より良い人間関係を築き、安心して働きたいと思い、当事者研究に取

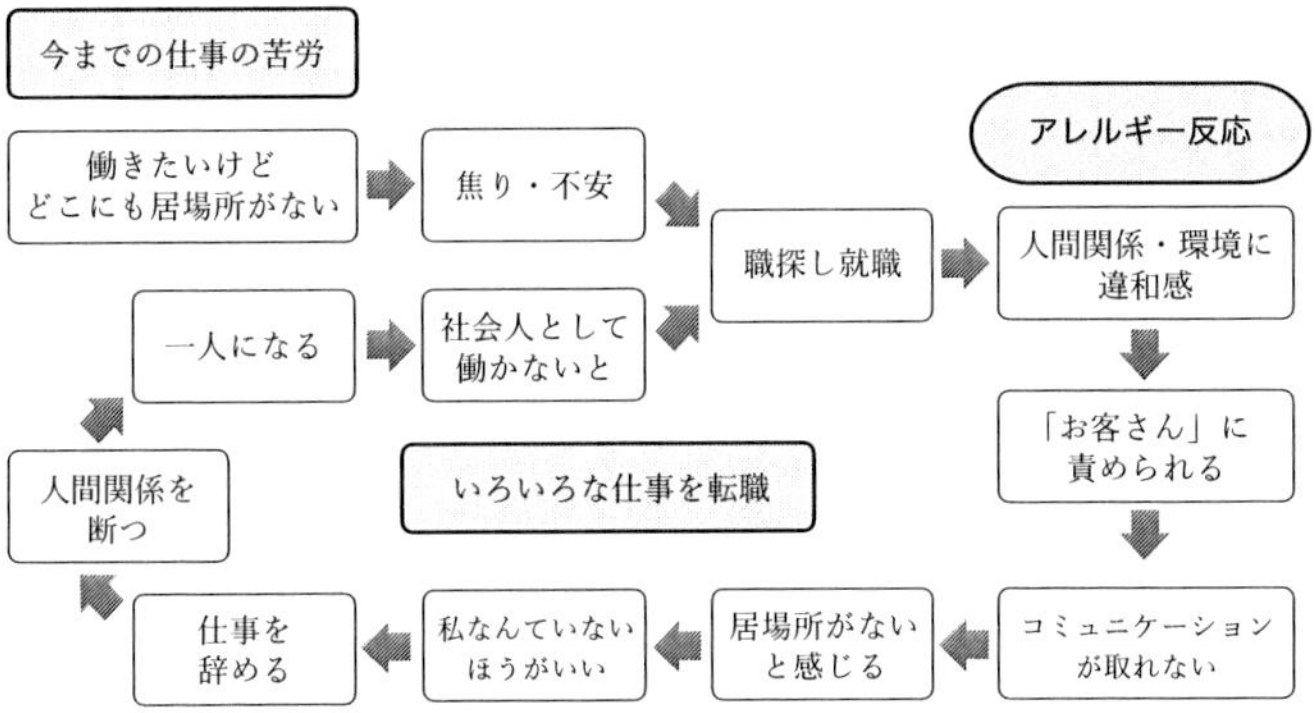

苦労の背景

アレルギー反応への自己対処

心臓がドキドキする
▶物に触り、話をうわの空にする
鼻で息が出来なくなる
▶息を止めて、息を止めていない顔をして自然に振舞う
人と視線を合わせられない
▶人の目を見ない
人に触れたときのゾっとした感じ
▶触れたところを見られないように払う
臭いに敏感になる
▶息を止め、その場から離れる
身体のこわばり
▶場を離れる
頭痛がする
▶我慢する
冷や汗
▶さり気なく、緊張を悟られないように汗を拭く

今ある私の苦労

“役割”がハッキリしていないなかでの仕事の苦労
①たとえば……人が多すぎるとその場にいるのが難しいこと。圧迫感が強まり、自分が何を考えているのか、気持ちやこころのバランスを崩し、言葉と気持ちがつながらなくなる。
②また、身体反応として、発言の際に一時的に急激に体温が上がる感覚がある。
③その結果、発言したあと、「自分は本当にこの発言がしたかったのか」と自信がなくなり、さらにマイナス思考に陥ったり、しかたないと諦めたりしている。
④判断や選択が難しい。

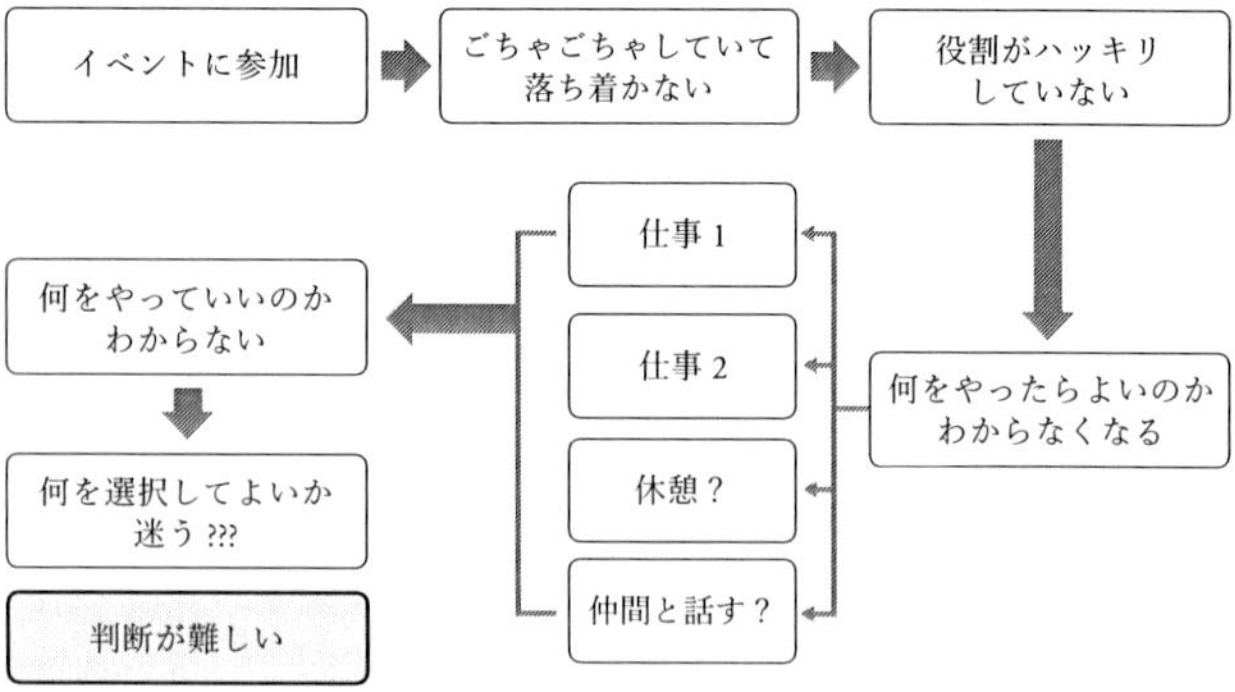

苦労──空間に適応しにくい

り組みました。その結果、自分を苦しめていることの半分は、「マイナス思考」であることがわかりました。そして相変わらず苦労はあるけど、仲間のなかに入ることができるようになりました。

現在は、浦河べてるの家の当事者スタッフとして働くようになりましたが、マイナス思考や「こころとからだがばらばらになった感じ」は相変わらずあり、

自分が仕事をすることの良い効果

①現実感を取り戻す（所属感がもてる） 役割・責任があると、地に足がついた感覚がもてて、比較的こころとからだがつながりやすくなる……ことがある。
②仲間とのつながりを回復できる 自分一人で頑張るのではなく、仲間と協力することで、自己コントロールができ、仲間ともつながることができる。また、苦労の情報公開もこまめに行なうことができる。

仕事をするための自分の助け方

生活リズム（睡眠・食事など）を守る
自分への声かけを行なう
「大丈夫だよ」「落ちついて」
一人になる
仕事中、いっぱいいっぱいになり、こころとからだがばらばらになりそうなとき、一人になる。落ちつい たら仕事に戻る。
仕事中でも、小さな情報公開を欠かさない
マイナス思考「ダメでいいのだ」
開き直り思考「これでいいのだ‼」 “だめでいいのだ、これでいいのだ作戦！”を確立！

仕事に困難をきたすことが時々あります。そこで〝マイナスのお客さん〟のことを仲間に情報公開しながら、安心して働きたいと思い、当事者研究に取り組みました。

最近の私の仕事の苦労は、〝役割〟がはっきりしないなかで仕事をすることです。仕事をすることで、私が良いなと感じていることは、（1）現実感を取り戻すことができ、（2）仲間とのつながりの回復が実感できることが挙げられます。

当事者研究を進めた結果、今は自分の居場所として仕事があ

結果と考察

浦河での環境や仕事の仕方は、今までのものとは明らかに違うと感じている。
今は、居場所として仕事がある。今までは、居場所を探しながら仕事も探していた。
今までは100%の力で仕事をしなければいけないと思っていた。
研究の結果、「エコカー運転」のように、省エネで20%のエネルギーで上手に働けるコツを学ぶことができた。
「ありのまま」「自然体」で生きるということが自分に必要だとわかった。

今後の展望

先のことを考えすぎて具合が悪くなる。一日一日を積み重ねることでつながる感覚を取り戻す。
苦労の情報公開を通じて自分が楽に仕事や生活ができるようにしていきたい。

り、省エネルギーで上手に働けるコツを学ぶことができた感じがあります。それから、「ありのまま」「自然体」で生きることが自分に必要であることがわかりました。今後の展望として、先のことを考えすぎて具合が悪くなるクセがわかり、一日一日を積み重ねていくことがつながる感覚を取り戻すこと、さらに苦労の情報公開を通じて自分が楽に仕事や生活ができるようにしていきたいと願っています。

5 まとめ

抗精神病薬のクロルプロマジンが使われだした一九五五年以前と以後で〝回復者数〟が実はそれほど変わっていない、入院から地域医療への移行をもって〝回復した〟とは単純には言えない、というワーナー（2005）の指摘があります。また、ワーナーは別の著書（ワーナー 2008）のなかで、統合失調症の当事者が〝働き、自分の役割を持つこと〟の有用性を述べています。

浦河べてるの家では、就労支援、起業支援、食と住の支援、人と社会とにつながる支援をしてきました。これらの取り組みは、精神疾患そのものをなくすことにはなりませんが、しかし三〇年の歩みを経て着実に当事者の力を育むものであったと実感しています。

けれども、浦河べてるの家の歩みと同時代の日本の状況からは、決して働くことが人と社会を幸せにしてきたわけではないことを思わされます。

統合失調症や気分障害をはじめとする精神疾患の多くが青年期や成人期に集中します。職場の人間関係からくるストレスや過重労働による疲労から引き起こされることも考えられます。

こうしたことを改めて考えてみると、三〇年も前に浦河べてるの家が活動を始めたときの理念「安心してサボれる会社づくり」が、時代を先取りした現代社会への警鐘であったことを思います。

私たちの取り組みは、小さく非力なものかもしれません。けれども、不備不足には事欠かない当事者は、たくさんの失敗を積み重ね、多くの行き詰まりを経験してきています。この経験から研究で得た知恵のなかに、もう少し働きやすい就労のヒントがあるように思えます。苦労に事欠かない当事者の研究を共有し、より良い就労支援に活かせるように願っています。

▼注記

本論の執筆へのお誘いから、まとめるためにご協力くださった小林茂氏に、この場を借りて感謝申し上げます。

▼文献

こころの健康政策構想会議 2010「こころの健康政策構想会議提言書」
斉藤道雄 2002『悩む力』みすず書房
リチャード・ワーナー［西野直樹・中井久夫＝訳］2005『統合失調症からの回復』岩崎学術出版社
リチャード・ワーナー［蟻塚亮二・野中由彦＝訳］2008『統合失調症回復への13の提案——とりまく環境を変革するために』岩崎学術出版社

第6章

浦河べてるの家の障害者支援と防災活動

井上健／朴明敏

1 はじめに

二〇一一年三月一一日、私たちの国で東日本大震災という歴史的な大惨事が起きました。この場を借りて、被災された皆様にお見舞い申し上げます。この震災は、自然の脅威という問題を超え、原子力発電所の事故と放射能汚染の問題、私たちの国のリスク・マネジメントの問題などを私たちに残しました。私たちは、このような大災害を経験しましたが、大きな困難を負い、癒しがたい喪失に苛まれても、なお前へ歩み出していけるよう願っております。

浦河べてるの家では、東日本大震災以前より地震災害・津波災害を意識し、防災活動をしてきました。そして、実際に東日本大震災が起こりました。その地震の揺れと津波は、浦河べてるの家がある日高地方沿岸部においても傷跡を残しました。これまで私たちが取り組んできた精神障害者による防災の取り組みが問われた瞬間でした。本章では、浦河べてるの家の防災活動と、実際に被災したときの経験からの考察を紹介します。

2 なぜ浦河で地震・津波の防災活動をしてきたのか

1 全国的な防災活動と社会的弱者

日本における防災活動の取り組みは、一九九五年の阪神・淡路大震災を経験し、より活発になりました。国の行政や地方自治体でも防災活動の重要性が再認識され、地域住民主体の自主的な防災組織が全国的に増加しました。災害が起きたときには、自分で自分の身を守り、さらに地域住民同士が互いに助け合える関係や仕組みをつくる機運となりました。

防災活動の鍵は「自助」であり、自分で自分を助け、自分を守ることが被災から身を守る第一歩とされています。身近なところでは、家庭で避難グッズを用意するということが挙げられます。非常食や保存水などを用意し、それらを防災リュックにまとめたり、災害時に避難する避難場所を確認しておくなどの備えです。そのうえで、町内会、自治会、役場などの防災体制を整えるという取り組みが強化されてきたといえます。

また他方で、阪神・淡路大震災という出来事により、「自助」がままならない知的・精神・身体に障害を負う当事者や、老齢化による身体機能の低下により自らを助けることが困難な方々が多く被災し、被災後の生活にも困難を来たしたと指摘されています。また単身者や独居老人など、地域でつながりが薄くなりがちな方々の所在確認や安否の問題など、災害時には心配な問題であるといえます。

こうした流れを踏まえ、地域で生活弱者の立場に立たされやすい障害当事者を巻き込んだ防災活動の必要性が指摘されるようになってきました。

2 浦河べてるの家の「自助」「共助」の取り組み

精神障害をもつ当事者には、幻覚や妄想といった精神症状のために人とのつながりをもてず、生活のしづらさを抱えて暮らしている人が多くいます。そのため、普段から社会的孤立を強いられやすい現実があります。ある意味で、障害当事者は、「自助」からみても「共助」からみても弱者の立場に立たされやすいといえます。

そこで浦河では、「自分を助けるプログラム」として、当事者研究やＳＳＴ（Social Skills Training／生活技能訓練）といった、当事者が自分自身を助ける「自助」の取り組みを行なってきました。たとえば、〝幻聴さん〟がある場合には、当事者研究により、「どんな声が聞こえてくるのか」「どのようなときに来るのか」「そのときどのように自分を助けているのか」「より良い助け方とは何か」といったことを仲間たちと研究し、ＳＳＴで練習し、グループホームなどでの実生活に役立つように取り組んでいます。また、普段からつながりを大事にし、「三度の飯よりミーティング」という理念の下で、数多くのミーティングを行なってきました。

また、自分の病気の〝特徴〟、自分の〝生きづらさ〟といったものを「弱さの情報公開」として共有し、「弱さを絆に」して、当事者相互の「共助」を厚くしてきました。

3　浦河は地震が多い

浦河べてるの家がある浦河町は、えりも岬がある日高東部三町のひとつです。このえりも岬は、北海道の背骨として知られる日高山脈の南端部に位置し、その誕生は約一〇〇〇万年前に西側のユーラシア・プレートに東側の北アメリカ・プレートが衝突して隆起したということです。また日高東部は、十勝沖からロシア連邦のカムチャツカ半島沖にかけて千島海溝があり、この海溝では太

年	名称・震源地	マグニチュード	浦河における震度
1952	十勝沖地震	8.1	5
1968	十勝沖地震	7.9	5
1968	浦河沖地震	6.8	5
1970	日高山脈南部地震	6.7	5
1971	襟裳岬南方沖	7.0	5
1974	苫小牧沖地震	6.4	5
1981	浦河沖地震	7.1	5
1982	浦河沖地震	7.1	6
1993	十勝沖地震	7.5	5
1994	三陸はるか沖地震	7.5	5
2003	十勝沖地震	8.0 near	6
2011	浦河沖地震	6.2	5

平洋プレートが北アメリカプレートの下に年間数センチの速度で沈み込んでいます。このため両プレートの境界で歪みが発生して、その歪みの開放により発生する逆断層型の海溝型地震が多いところです。太平洋に面しているとともに、日本国内でも有数の地震地帯で、二〇〇六年には日本海溝・千島海溝周辺海溝型地震防災対策推進地域の指定を受けて、地震に伴う津波対策の必要性が改めて確認されました。

二〇〇三年には十勝沖地震が起こり、浦河でも震度六弱の地震と一三〇センチの津波を観測しました。このときも、社会福祉法人浦河べてるの家の兄弟会社である有限会社福祉ショップべてるの店舗内が大破する、浦河教会の一部が壊れるなどの被災がありました。

現在も、五〇〇年に一度発生するとされる十勝沖「五〇〇〇年間隔地震」という津波を伴う大きな地震の予測もされています。

4　浦河べてるの家の防災プロジェクト

このような背景から、当事者自らがさまざまな生きづらさから自分自身を助ける理念と、災害から自分を助けることができるように取り組む防災活動の目的が重なり合い、浦河べてるの家は防災活動に取り組み始めました。

二〇〇四年から地震と津波対策に重点を置き、浦河町役場と国立身体障害者リハビリテーションセンター（現・国立障害者リハビリテーションセンター／以下、国リハ）と連携しながら、「『地域で当事者が安心して生活できるよう』非常災害時に対応できるための防災プロジェクト」を発足させました。

二〇〇七、二〇〇八年度には、厚生労働省から「平成一九・二〇年度障害者保健福祉推進事業」（障害者自立支援調査研究プロジェクト）の認定を受け、避難マニュアルを作成し、町役場、地域自治会などの協力を得て、実際に避難訓練を実施しました。

二〇〇八、二〇〇九、二〇一〇年には、国リハの研究者によって、厚生労働省に「災害対策における要援護者のニーズ把握とそれに対する合理的配慮の基準設定に関する研究」として一連の研究がまとめられました。

二〇一〇年一〇月、浦河で行われた第一八回日本精神障害者リハビリテーション学会浦河大会において、大会シンポジウムI「障害者と防災――地域とのつながりを再考する機会として」の場で、精神保健分野での防災のテーマの重要性を改めて明確にする目的で、活動報告をさせていただきました。

5 浦河べてるの家の防災事業の三領域

浦河べてるの家の防災事業は、次の三つの領域で構成されています。

1 仲間とのコミュニケーション――三度の飯よりミーティング、弱さの情報公開
2 地域防災ノウハウの開発と蓄積――防災活動を共同・還元
3 防災訓練――練習と研究

それぞれの活動が連動して、はじめて地域で暮らす障害当事者の安全を確保できると考えています。そのため、防災事業の取り組みでは、障害当事者の自助の視点を大切にし、当事者自身の手で

（1）避難計画の立案、（2）避難マニュアルの作成、（3）避難訓練の実施、を行ないました。

①避難計画の立案

まず地震や津波が起こったときにどうしたらよいかわからなかったので、地震や津波の特徴を学ぶことにしました。国リハの協力を得て、浦河の津波は地震が発生して四分で一〇メートルに達する可能性があることがわかったので、つまり四分で一〇メートルの高さまで避難すれば命は助かると目安を立てました。次に浦河町が作成したハザードマップを見ながら避難に適した場所を探し、実際に足を運びながら避難場所の検討をしました。

②避難マニュアルの作成

避難先が決まってからは、そこまでの避難経路をマニュアルとして作成しました。避難マニュアルはＤＡＩＳＹ（Digital Accessible Information System）という音声・テキスト・画像を同時に表示するデジタル録音図書を活用しました。これは視覚や聴覚など同時に複数の感覚器官を通じて情報を提供できるため、認知に障害のある精神障害者などに対する情報伝達ツールとして活用できるも

表１　防災の研究

①苦労を具体的に挙げる（学習／心理教育）――地震・津波でどうしたらよいかわからない
▶地震・津波の特徴を知る（浦河の津波は地震発生後、4分で高さ10メートルに達する可能性がある）／想定される自分の弱さの情報公開をする
②対策を考える（ミーティング／課題設定）
▶具体的な防災対策・避難方法の検討（避難場所の選定）／避難マニュアル（DAISY）作成＆避難グッズの装備
③練習をする（モデリング／学習／汎化）
▶DAISYマニュアルで“見て”学び、実際に行動し（避難訓練）、さらに良くする点をミーティングをして振り返る

表２　まずは、地震を知り、津波を知る

浦河の津波は、地震発生後4分で10メートルに達する可能性がある
▶国リハから学んだり、過去の文献から学ぶ
……ということは、地震発生後4分以内に10メートル以上の場所に移動できれば命の安全の確保ができる!!!!

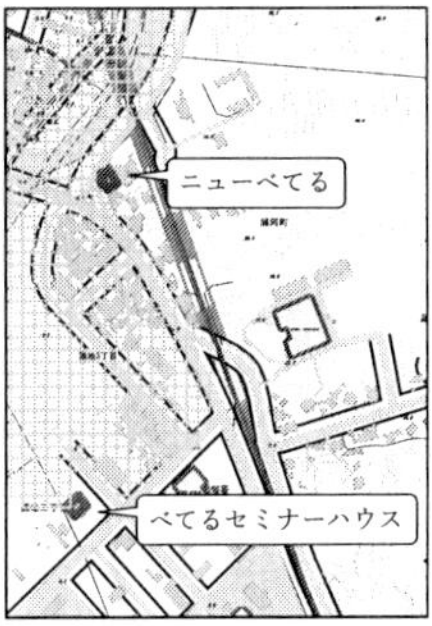

ハザードマップを見ながら避難先の検討

図１　2006年の浸水予測図

表３　対策を立てる

避難方法の検討（避難場所の選定）
▶町作成のハザードマップで避難に適した場所を探す／実際に足を運んでみて避難に適しているか確認！
避難マニュアル（DAISY）作成！
▶精神障害という苦労があっても理解しやすい本／作成のためにNPO法人支援技術開発機構（ATDO）より技術移転
避難グッズの作成
▶精神薬は必ず！・水も多めに・低血糖予防グッズ／寒さ対策・飢え対策・トイレ対策／小銭や数千円程度は必要……などなど（使用期限・賞味期限などあるものは注意！　年一度は確認！）

表４　実際に練習してみる

避難マニュアル（DAISY）
▶「目」で見て、「耳で聞いて」、確認
避難訓練
▶実際に練習してみる！助けの必要な仲間と一緒に／べてるの３つの活動拠点と、各住居ごとに／夏季・冬季の年２回の避難訓練を開催／昼間・夜間・雨天時・凍結時など様々な場面を想定／各回ごとに、避難訓練後、振り返り／良かったこと、苦労したこと、さらに良くする点
▶今後の防災活動につなげていく

表５　町・自治会との協力

避難方法の検討（避難場所の選定）
▶町作成のハザードマップで避難に適した場所を探す／自治会の避難訓練前に合同会議を開き、ワークショップ（ワークショップで楽しく！　実際に避難可能な場所を確認！　手が必要な場合はべてるでも協力体制を組む）
実際に行動する（避難訓練・練習）
▶町、自治会、消防署、警察署と協力し避難訓練／炊き出し訓練／その後、一緒に振り返り／一泊避難訓練にも参加／そのほか、浦河町防災合同会議の開催、地域防災フォーラムの開催などを実施する

のです。このＤＡＩＳＹを作成するために、避難までの過程を細分化し、それぞれの文章に合わせて音声で読み上げられるように当事者が声を吹き込み、また避難経路を実際に当事者たちが歩いているところを撮影し、画像を表示します。そのような工程を経てＤＡＩＳＹを完成させました。普段いっしょに活動している仲間の声を聞いて、仲間が避難経路を歩いている画像を見ることで、実際に避難するときに「こうすればいいのだ」と視聴した人がイメージできるようにしています。マニュアル完成後は、避難訓練時に実際にＤＡＩＳＹによるマニュアルをもとに学習し、避難訓練を行ないました。

③避難訓練の実施

さらに地域との防災訓練ということで、浦河町役場・自治会・消防署・警察署などさまざまな機関と協力し合って、一泊避難訓練に取り組み、炊き出しなどを行ないました。防災活動を通じて地域の方々と連携することで、障害当事者も地域で共に暮らす町民として、多くの地域住民と互いに交流を深める機会になりました。

このような取り組みが試された一つが二〇一〇年二月に発生したチリ地震です。津波が日本にまで到達するぐらいの地震でした。浦河でも七〇センチの津波を観測しましたが、このとき、北海道の胆振・日高管内の沿岸部にある一市九町の五七六三世帯一万二六三二人（浦河町では八〇〇世帯一七〇〇人）に避難勧告が出され、避難しました。その際に、べてるの利用者も迅速に避難することができ、町役場や自治会との避難活動も実際に実施することができました。このことは、私たちが蓄積してきた防災活動の大きな成果になっています。

3　東日本大震災の避難時の経験から

二〇一一年三月一一日一四時四六分、気象庁観測史上最大といわれる東日本大震災が発生しました。浦河での地震発生時からの時間の流れは表6のようになります。

浦河町民の四九七名が避難し、浦河港や住宅なども津波の被害を受けました。津波が過ぎ去った後には、漁業に関係する方々が使っている網やロープ、木箱などが散乱し、津波の恐ろしさを物語っていました。不幸中の幸いで人命にかかわる被害はなかったのですが、地域で生活を送る漁業の仕事のための道具などの損失はニュースで報道されることもなく、被害状況があまり理解されなず見過ごされやすいことがわかりました。

地震発生時が日中でしたので、べてるの利用者は昆布作業などの仕事を行なっていたり、住居

表6　浦河での地震発生時からの時間の流れ

時間	浦河町の状況
14:46	震度4
14:49	津波警報発令～浦河町内、避難勧告
14:55	浦河町災害対策本部設置
15:19	津波第一波（-20cm：引き潮）
15:30	大津波警報発令 北海道および日高振興局災害対策本部設置
15:40	浦河町内、避難勧告
16:42	津波第二波（2m79cm：最大波）
19:30	浦河港満潮
3/12	浦河町内避難指示解除
3/13	浦河町災害対策本部解散

時間	べてるの動き
14:46	震度4　約6分間の揺れ
14:52	揺れが治まった時点で、3つの活動拠点、6つのグループホーム、共同住居より避難行動開始
15:10	それぞれの避難場所に到着確認完了
15:30～	生活支援の支援者を中心に避難食の炊き出し開始～配布準備～配布
3/12 11:00	避難所からの利用者の最終帰宅確認／べてる支援者振り返りミーティング
3/14	当事者&支援者振り返りミーティング

でゆっくり過ごしていたりしている時間帯でした。普段から地震が多い地域であるため、弱い震度であれば特段焦ることもありません。しかし、このときの揺れは、いつも経験している地震よりも大きくゆっくりで、長い揺れだったこともあり、すぐさま各拠点に連絡を取り合い、避難行動を開始しました。そのため、津波第一波が来るよりも早く私たちは避難場所に退避することができました。避難先では、次々に集まってくる近隣住民と過ごし、テレビやラジオで放送されている被災地の様子や、避難を促すサイレンと町内放送の音が響き、皆が災害の恐ろしさや不安を感じていました。夜になってからは、少しずつ情勢も落ち着いてき

（写真上から）津波により増水していく浦河港①／津波により増水していく浦河港②／
津波が引いた後の浦河港の様子

表７　震災後の振り返りミーティング

良かったこと	苦労したこと	さらに良くする点
練習通り避難できた！／現実感があった／避難先でも仲間と一緒にいられたのは少し安心だった／病院の医師からは避難入院の許可が得られた／普段から弱さの情報公開をしているので、仲間やまちの人、役場の人の力をかりることができた	薬を忘れてしまった／これからどうなるかわからないのが不安だった／一人になるとより強い不安／避難所にいることが苦痛／心も身体も緊張状態／その場で自分たちの良かったことを評価し合う余裕がなかった	避難グッズの見直し（特に薬）／避難後の過ごし方について作戦が必要／避難所でもミーティングをして、自分たちの良かったことを褒め合い、苦労を吐き出す／心と身体のリラックスを学ぶ
自分たちは○だった！	結果４人入院（その他――浦河町内でも発達障害傾向の子どもをもつ家族は避難所に行けず高台のホテルに宿泊していた）	日頃からの病気との付き合い、地域との付き合いが大切

たので、被災の心配がない場所に住む利用者たちは一時帰宅することもありました。しかし、災害と避難所での生活は、障害当事者にことのほか精神的・身体的負担を強いる現実を学びました。避難生活から解散後、調子を崩し入院した精神障害当事者が何名もいたことは、避難訓練だけでは解決しない問題であると考えさせられます。

この災害を経て、私たちは皆でこの体験を分かち合い、振り返りミーティングを行ないました（表7）。振り返りミーティングでは、次のような当事者の感想があがりました。「日頃から取り組んでいる防災活動の積み重ねがあったことで、普段の練習と同じように大きな災害でも避難することができた」「避難した先でも仲間がいると安心感をもて、仲間や町役場の人たちに力を借りることができたり、不安はあっても避難生活を送ることができた」などです。

また、精神障害をもつ当事者が、災害という自然界の事象を経験して、症状が強まり入院する一方で、反対に症状が自分と現実の狭間にありフィルターの役割をしていたところから、急に災害という緊急事態の現実に引っ張り出されて、病状が安定したという経験をした方がいました。

しかし、このときの経験は、新たな課題を明らかにしました。日頃からの防災の取り組みにより、自分を助けて、仲間と共に避難するところまではできるようになったのですが、避難後の生活に課題が見つかりました。

第一は、薬の問題です。実際に東北地方太平洋側沿岸部においても、地震後に発生した津波によって、家財もろとも薬を流されてしまい、救援に来る医療機関も準備する薬の不足や確保、薬を必要とする当事者の服薬情報がわからず、対応に時間がかかったということが報道されていました。浦河でも、避難後に薬の所持を忘れたことに気づき、しかし避難勧告が出ているために薬を取りに戻れないでいる当事者もいました。慣れない避難所生活に加え、心身ともにストレスを負う状態を経験しました。このような経験から薬の大切さを改めて認識し、防災グッズを見直し、避難時に薬も持って逃げられるようにしようと話し合いました。

第二は、緊張や不安との付き合い方の問題です。災害から避難するだけでもストレスがかかることは容易に想像がつくことです。加えて、いつ自宅に戻れるかわからないことや、家族、親戚、友人の安否の不安もあります。避難先では十分に休むことができません。避難勧告が解除されて帰宅しても不安が取れず、心身ともに厳しい状態が見受けられました。こうしたことから、避難先でも互いの良いところを褒め合ったりするミーティングを開催して、体調気分や緊張・不安などの苦労を伝え合ったりしようというコーピングを検討しました。東日本大震災後の避難訓練では、実際に避難訓練をしながら互いの良いところを褒め合うことを取り入れました。当事者の感想は、「避難しているときにも励まされる」「避難所についてからの安心感も増える」といったものがありました。

私たちは、これまでも防災に対する取り組みを続けてきましたが、実際に災害が起きてみて、さらに先にまだ取り組んでいかなければならないテーマがあることを学びました。災害からの避難訓練には、終わりがないことを思います。

4 まとめ

東日本大震災が起こる前年の二〇一〇年に日本精神障害者リハビリテーション学会浦河大会が開催されました。前にも述べたように、この大会で「障害者と防災——地域とのつながりを再考する機会として」というテーマでシンポジウムを行ないました。そこでは、防災を切り口として、地域のつながりをつくり、〝地域力〟を高めて、地域が元気になる手立てとして議論を深めました。病気、障害、高齢化などの困難を抱えた人たちが中心となり、地域で暮らす住民の一人として、その困難を貴重な経験として提供し、地域で暮らすみんなでその経験を共有して考えることが、つながりを回復する道であることが確認できました。

私たちは、困難を抱えながらも、苦労と上手に付き合い、解決できる知恵が創造されるならば、この知恵をもつ当事者ばかりではなく、地域に住む誰もが安心して生活できるようになると考えています。そして、この視点を地域の人たちと共有できる糸口として防災活動が活用できることを実感しています。防災活動を通じて、住民相互のつながりが増え、理解が進み、地域で暮らす全ての人々が安心して暮らすことができることを期待しています。

浦河べてるの家の防災活動の取り組みが少しでも社会に共有還元され、これからの障害者と防災活動の糧となることを願います。

べてるの取り組みのまとめ

- 精神障害者も〝事前に取り組む〟ことで迅速な避難が可能となる。
- 事前の正しい知識・情報の共有・練習が重要である。

●事前準備にミーティング、当事者研究、SST、DAISYが活用できる。
●防災を通じて、障害者と地域のつながりを取り戻すことができる。
●避難先での過ごし方や自分の助け方には、さらに良くする点を検討する必要がある。
●避難先でもミーティングや弱さの情報共有が必要である。
●避難先での過ごし方や、その後の復興でも「正確な現状の把握」が安心につながる。
●被災後の自分の助け方として、当事者研究が活用できる。

▼注記

本論をまとめるにあたり協力してくださった小林茂氏に感謝申し上げます。

第2部

浦河べてるの家のコミュニティ支援の展開

第1章

地域につなげること

精神科デイケアを介した当事者のためのコミュニティ支援

大濱伸昭

1 はじめに――浦河べてるの家と浦河赤十字病院精神科デイケア

本稿では、浦河赤十字病院精神科デイケアの取り組みを中心に紹介させていただきます。北海道浦河町には「べてるの家」があります。全国的に有名な「べてるの家」ですが、私の勤務する浦河赤十字病院精神科デイケア（以下、デイケア）はこの「べてるの家」のメンバーも多く利用しています。ですから外から見ればデイケアも「べてるの家」の括りとして捉えられていることが多いようです。私たち浦河の支援者のなかでは、「べてるの家」という言葉は主に、就労支援、地域生活支援、当事者の自助グループなどの総称として使われています。

主にデイケアは「休息と練習の場」、べてるの家の作業所は「実践の場、仕事の場」として機能分化がなされており、メンバーは自分にあった曜日のプログラムに合わせて両施設を行き来しています。デイケアに通院しているメンバーの約二割がべてるの家のグループホーム、ケアホーム、共同住居から通っており、約七割のメンバーがべてるの家の就労支援を併用しています。また、デイケアは四年前よりショートケアに切り替えており、メンバーが日中活動をデイケア一本で行なうのではなく、午前はべてるの家の就労支援で仕事をして、午後はデイケアでＳＳＴに取り組むといった利用が可能となっています。べてるの家に見学に来られている方々に、「病院とべてるの家の連携」について関心をもたれることが多くありますが、この連携は両施設を巧みに使い分けるメンバーによって生み出されているものと考えています。

2 デイケアの概要

デイケアは、精神保健福祉士（ＰＳＷ）一名、看護師一名、看護助手一名の計三名の職員で運営しています。そのほかにも院内には、医療相談室、訪問看護ステーションがあり、入院病棟や外来もあわせて大きなチームで連携を取っています。

デイケア登録者数は約七〇名、一日平均利用者数は約二五名ほどです。町に一つしかないデイケアですから、退院したてで生活を維持することを目標とされる方、休職中で職場復帰を目指されている方などニーズはさまざまです。

デイケアは二〇〇一年に当時一二〇床あった精神科病床を六〇床に減らし、「入院治療に代わる通院治療」という位置づけで開設されました。ですから当時は長期の入院を体験された方の通院が主で、また当時のメンバーの約七割近くが統合失調症であったのに対し、現在は五割未満で、代わりに発達障害やパーソナリティ障害と診断されている方が増えてきています。また、特徴的なことは、浦河町外や北海道外から移り住まれてきた方が多く、最近では「浦河留学生」として半年から一年間、自分の助け方を研究するために留学される方も増えてきています。

ここで筆者の自己紹介をさせていただきます。私は精神科デイケアに配置されているＰＳＷです。二〇〇四年に大学を卒業して就職したのが今の現場です。浦河町に初めて来たソーシャルワーカーが三〇年前に見た光景とは大きく違い、べてるの家のほかにも、訪問看護、権利擁護事業、地域福祉連携会議などの社会資源や連携が整っており、すでに全国的にも有名な地域でした。

当院は総合病院で、職員は総勢三〇〇名ほどいる地元のなかでは比較的大きな企業です。ですが看護師以外の新卒者の採用はめずらしいらしく、入社したての私のもとへ早速、院内の複数のクラブ活動の誘いがきました。私は最初に顔を出した野球部の練習場で驚くべき光景を目にしました。

何とさっきまでデイケアに一緒にいたメンバーが病院職員と一緒にノックを受けているのです。練習試合にも参加していました。さらに別の日、今度はサッカー部の練習に顔を出すと、またほかのデイケアメンバーが二人いたのです。

大学で「メンバーとの距離感」についていろいろな先生方の意見を聞いてきただけに非常に複雑な思いでしたし、デイケアとは別の顔で羽を伸ばそうと思っていた私にはやりづらくて仕方なかったことを覚えています。何よりも驚いたことは、病院の職員が善意で仲間に入れているわけでもなさそうで、自然な感覚でコミュニケーションがなされていたことでした。

3 プログラム構成

みなさんからはデイケアと呼ばれていますが、システム上はショートケアで、午前のみ午後のみの選択利用が可能です。プログラムは大きく分けて、レクリエーションとミーティングの二つに分類されています。

ミーティング形式のものを中心に各プログラムの紹介をさせていただきます。

1 認知行動療法に基づいたプログラムの四本柱

デイケアは「自分の助け方を身につける」ということをモットーに掲げ活動しています。支援プログラムは、認知行動療法の視点に基づき「(A) 認知面、(B) 行動面、(C) 感情面、(D) 身体面」の四つの側面に焦点を当てた集団プログラムを各側面に分けて週一回ずつ行なっています。

(A) 認知面に対しては、一週間の出来事に対して出てきた自動思考(浦河では〝お客さん〟と名づけています)について報告し合います。また幻聴の苦労をもっているメンバーは同様に幻聴の様子を報告し合い、必要に応じて対策や沸いてくるお客さんの意味について考えます。ここで、自動思考、幻聴への外在化の手法を習得し、それらとの共生や適切な対処の方法を学びます。これをまとめて「幻聴ミーティング」と呼んでいます。

(B) 感情面も同様に、一週間の出来事に対して起きてきた感情(気持ち)についてフィーリング表(気持ちがイラストつきで載っている表)を参照しながら、グループで報告、シェアリングしたいものを選んで報告します。このミーティングは解決志向ではなく、自分に起こっていることを整理することを目的としています。ですから形式も、言いっぱなし聞きっぱなしのスタイルを用いています。このプログラムを「フィーリング・

ミーティング」と呼んでいます。

（C）行動面はSSTを用います。SSTではコミュニケーションのほか、「幻聴ミーティング」で話題になったお客さんや幻聴に対して、何らかの対処が必要な場合、それらとの付き合い方の練習をしています。SSTに関しては週に二回設けており、片方は入院患者と合同のグループで行ないます。

（D）身体面に対しては、気功やマッサージを取り入れています。普段、言語を通じて自身の苦労や圧迫に向き合うことが多いのですが、気功を取り入れることにより、身体に耳を傾け、身体の感覚から自身の状態を知り、体を通して吐き出すという感覚が身につきます。これらは癒しを目的としたプログラムとも言えます。

これら四つの分野との付き合いがうまくなると、自分自身の疾病や生きづらさとの付き合い方がうまくなることをメンバーに説明し、プログラムへの参加を促しています。

2 自分の助け方を研究して身につける「当事者研究」

当事者研究は二〇〇一年、浦河赤十字病院の精神科病棟に入院中に何度も何度も爆発を繰り返し

	月	火	水	木	金
午前	SST これでイーの会	カラオケ スポーツ	応援 カンファレンス	作業療法 子育てあじさいクラブ	料理教室 金曜ミーティング（べてると合同）
午後	当事者研究	気持ち ミーティング	SST ひまわりの会	幻聴 ミーティング 訪問活動 熟年クラブ	心理教育 気功

てしまう青年が、自身の爆発のメカニズムやサイクルなどを解明し、対処法を研究した「爆発の研究」がきっかけでスタートしました。それから一二年が経過し、研究熱心な当事者によってさまざまな分野の研究がされています。

研究テーマの紹介

- 幻聴さんとの付き合い方の研究
- リストカットのメカニズムの研究
- 母親依存の研究
- 転職の研究、金欠の研究
- 病気をしながら働く研究
- 回復後のむなしさの研究
- 窓際職員の研究
- 全力疾走のメカニズムの研究
- 喧嘩の仕方の研究
- 生活音の研究

当事者研究では自分の抱える症状やそれにまつわる生活のしづらさなどを中心に、メカニズムを解明し、仲間とともに対処法を考え、身につけることを目的としています。そのようなことは他のプログラムでも行ないますが、専門にプログラムを週に一度設けています。

特徴として、司会者も板書役も基本的にはメンバーが務め、参加者が自由な発想で意見を言えるような環境をつくります。また、図式化、ロールプレイなどを用いて本人の抱える苦労を外在化し、目に見えやすい形で検討します。当事者研究で最も大切な理念の一つに「経験は宝」「専門家は自分自身」というものがあります。当事者研究では一見問題行動と見られる行為（自傷行為、爆発、引きこもりなど）も何らかの軋轢に対する対処方であり、そうした経験のなかに新しいヒントが眠っていると考えます。さらに自己病名といって自分の感覚にあった病名をつけたり、お客さん（自動思考、否定的な信念）に対してネーミングをしてキャラクター化するなど、随所にユーモアを混ぜながら研究を進めます。

特に専門家として特筆しておく点としては先にも述べた通り、「当事者は精神症状に対しすでに何らかの対処をしており、一番の専門家は当事者自身である」ということです。これを忘れると、私たちの支援は当事者の行動に「否定」から入り「修正」する役にはまってしまいます。「今努力しているところを見えやすくしてさりげなく光をあてる」ことが、当事者研究における専門家のささやかな役割であると認識しています。

当事者研究は半年に一度発表会を設けています。これについては後ほど述べさせていただきます。

3 メンバー参加型「応援カンファレンス」

特徴的なプログラムを紹介します。水曜日の午前に行われる「応援カンファレンス」です。これは一人のメンバーに焦点をあてたカンファレンスで、デイケアスタッフ、主治医のほか、メンバーが参加します。デイケアの導入、中間評価、また「応援してほしい」と希望された方がメンバーのフィードバックをもとに活動を振り返ります。デイケア通院患者が入院した場合もしくは入院患者がデイケアを利用しながら退院を試みる場合などは、病棟スタッフも参加して行なわれます。同様に作業所を併用しているメンバーの場合は作業所のメンバーやスタッフも参加します。この「応援カンファレンス」は特にデイケア導入場面でよく使われ、時期としてはデイケア導入半月から一カ月で、メンバーがお互いに慣れた頃に開催します。簡単なプロフィールやデイケアで取り組んでいきたいことをメンバーと共有し、メンバーからも「良いところ、頑張っている点」などをフィードバックしてもらいます。

4 訪問型「熟年倶楽部」

もう一つ特徴的なのが、デイケアメンバーの有志で引きこもりがちなメンバー宅を訪問する「熟年倶楽部」というものです。私が就職したてのときに五〇代のあるメンバーがこう言いました。「デイケアは若い人ばかりでつまらないな〜。なんとかしてくれ」というものでした。たしかにデイケアの多くは二〇代、三〇代の方が中心でした。そこで四〇代以降のメンバー（熟年世代と呼んでいます）で集まって「何か自分たちにあった活動をしよう！」という運びになり立ち上がったのが熟年倶楽部です。

ある日、熟年倶楽部のメンバーと一緒にドライブをしていたときに古株のメンバーが「あそこはAさんの家、あっちはBさんの家、昔同じ病室だったな。何しているんだろ、引きこもっているのかな……」と言ったことをきっかけに、みんなでためしにその方々の自宅に訪問してみました。それがきっかけで、訪問活動を行なうようになりました。

べてるの家の昆布作業の創成期を支えてきたメンバーで、年齢を重ね、自宅で隠居生活を送っている方も結構いるのです。

今では、べてるの家の共同住居に暮らしている引きこもりがちなメンバーに対して、熟年世代を中心としたメンバーが毎週訪問しています。ピアノが得意なメンバーがキーボードを持参して一緒に歌を歌ったり、逆に若いメンバーが大先輩に悩み相談をしたり、この持ちつ持たれつの関係が熟年倶楽部の特徴であり魅力の一つなのです。

5 子育てミーティング「あじさいクラブ」

浦河町では町の子育て支援センターを中心に、当院の小児科、産婦人科、医療相談室のほかにも、教育委員会、保健所などと合同で定期的に「子育て応援ミーティング」を開催しています。先ほど紹介した「応援ミーティング」の子育て版ということになります。デイケアの「あじさいクラブ」ではそれらと連動する形で、日々の子育ての苦労、夫婦間の苦労などについて語り合い、家族間のコミュニケーションについてSSTを用いて練習するなどのプログラムを行なっています。この「あじさいクラブ」が立ち上がったきっかけは、当時出産を控えたメンバーが何組か重なったことでした。しかし今では口コミが広がり町民の方々の見学や参加も大勢いらっしゃいます。子育てに対するニーズは精神障害者だけの課題ではないことは周知のことで、そうした場を求めている方々が多いことがわかります。

6　べてるの家の「金曜ミーティング」

毎週金曜日に行なわれる「金曜ミーティング」には、べてるの家の二階フロアにデイケアとべてるの家のメンバーが集合します。スタッフや見学者も含めると人数にして六〇人以上が参加しているでしょうか。ここには、べてるの家のメンバー、デイケアのメンバー以外にも職場復帰を果たした方、いわゆる卒業生の方々もよく顔を出します。全員集合、これが浦河で二〇年来続く伝統の「金曜ミーティング」です。参加者一人一人が「今週の体調、気分、良かったこと」を報告し合います。ミーティングの後半には苦労を語るコーナーがあり、参加者から活発なアドバイスや意見が交わされます。この「金曜ミーティング」は、べてるの家に興味をもった入院患者やデイケアメンバーが、べてるに足を踏み入れるチャンスとなるプログラムなのです。ここでべてるメンバーやスタッフに顔を覚えてもらい、昆布作業へのデビューを果たします。

このようにべてるの家のプログラムには、デイケアスタッフも頻繁に同行します。

7　スタッフもプログラムを活用

デイケアではスタッフも参加者としてプログラムに参加します。例えば先ほど紹介した幻聴ミーティング。幻聴のないメンバーは「お客さん（否定的な思考）」を報告することになりますが、私たちスタッフも日常生活や業務中に遭遇した「お客さん」について報告します。

デイケアにおいてスタッフが自分の苦労を語ることには賛否両論あるかもしれませんが、いくつかポイントがあります。

一つ目はモデルとしての役割です。二つ目はモニターとしての役割です。この幻聴ミーティングをどのような位置づけで利用し、どのようなことを言えば楽になるのか、またどのようなアドバイスが逆効果になりうるのかなど、身をもって体験しないと自信をもってお勧めできません。そして最も大切にしていることはユーザーとしての側面です。我々の健康を維持するために、毎週のように「お客さん」を語れる場が用意されていることはとても贅沢なことだと思います。互いに悩みは同じ土俵上である、というのが私たちの考えです。モデルでありモニターでありユーザーでもある。これはデイケアの運営全般に言えることなのだと思います。

8　収穫と評価は研究発表会で

デイケアでは定期的に個々の評価をします。大きく分けて短期目標、長期目標にわけ、そのつど、評価と見直しを行ないます。

あるメンバーとスタッフとで評価をしていたときのことでした。「幻聴さんと現実の区別がつくようになった」「相談できる仲間ができた」「でも、幻聴さんのレベルも上がってきている」などと収穫や苦労について話し合っていた際に、あるスタッフが「この話、ここだけでするのはもったいないよな……」とつぶやきました。そこで思いついたのが研究発表会形式です。各々が取り組んできた課題、習得したこと、苦労してきたこと、研究の成果などをパワーポイントにまとめて発表するというものです。

はじめて開催したときは完全に見切り発車で、スタッフがパワーポイントに触れるのもその時が初めてでした。当時のデイケアメンバーにそのことを提案し、結果的には定期的に通院している二〇名が発表することになりました。私たちの心配をよそに、普段からミーティングで自分を語るということに慣れ親しんでいたメンバーの発表は堂々たるものでした。この研究発表会、今では春と秋の年に二回開催され、べてるの家のメンバーや入院中のメンバーも一緒に発表し、活発な経験交流が行なわれます。観衆には保健所や役場の職員も駆けつけてくれるようになりました。これまでに発表された一〇〇を超える研究データは今やデイケアやべてるの家の貴重な財産となっているのです。

この研究発表会、二〇〇八年より町民の方にも研究の発表をしていただけることになりました。町民の方々には、日頃商売で工夫している点、店独自の裏技など日常何気なく研究していることを発表していただきました。「小さな街の電器屋の研究」では都市部の大型店にはないアフターサービスで顧客の拡大を図るなどの戦略を、「図書館における接遇の研究」では本をなかなか返さない利用者へのアプローチ方法をまとめてくれました。

精神障害者から始まった当事者研究を通して今、街にも研究の風が吹いてきているのです。

4 デイケアの位置づけの課題

デイケアは自分の助け方を身につけることをモットーとしています。ですから入院患者のなかでも、退院をまじかに控えた方の体験利用としてのデイケア利用を積極的に勧めています。入院という安心を後ろ盾に、より実践的なリハビリテーションを提供できるようにするためです。そして入院中にある程度デイケアの利用者やプログラムに馴染んでおくことが、デイケアでのリハビリテーション導入につながりやすいからです。

退院する際に「まずはデイケアから」と計画がなされることはよくあることかもしれません。デイケアは「入院治療に代わる通院治療」という位置づけですから、デイケアで症状との付き合い方や人間関係の取り方をトレーニングしながら地域での生活リズムを整えていくわけです。しかし作業所への通所を考えている方に対して、デイケアが余分なハードルを課しているケースも少なくないのではないでしょうか。デイケア内での生活や人間関係において見つかった課題に対して、それをデイケア内で検討、解決する。そうしているうちにまた新たな課題が見つかる。これが余計なハードルを生み出す原因の一つではないかと考えます。そういったことを防ぐためにもケアマネジメントは欠かせません。しかし何より大切なことは自分で自分に必要なプログラムを選択する力をもってもらうことです。ですから当院では、入院中からデイケアやべてるの家の作業所の見学を積極的に勧めているのです。退院時には「まずはデイケアから」ではなく「自分の目的に合わせたデイケアとべてるの併用」が可能になるわけです。デイケアの外で起きたことをデイケアのプログラムを利用しながら解決していく。そのためにデイケアは単に生活の場所ではなく、社会生活における一つのツールとしての役割を今後ますます濃くしていく必要があると思います。そのためにデイケアでは、基本的なプログラムを繰り返し行なうことに徹するのです。

5 おわりに

毎年デイケアには二〇人程度の新規の利用者がいます。長期入院を経験して退院された方から会社勤めをされていた方まで背景はさまざまです。私は会社勤めをしながら休職されて通ってきているあるメンバーに「ここに来る経緯も病気の症状も皆さん違いますが、違和感はありませんか？」と聞いたことがあります。すると「最初は感じたけど、悩みの根本は同じでした。みんなから学ぶことが多くあった」と応えてくれました。その彼は職場復帰を果たした今でも昼休みにお弁当をもってデイケアに顔を出します。「たまに病気の人と話さないとストレス溜まってきますからね」と。聞けばべてるの家にも同様に職場の昼休みに顔を出すメンバーがいるということでした。今後入院していた方がたくさん退院してくることが予想できます。同時に職場、教育機関からのニーズも増えてくることでしょう。デイケアは守備範囲を広め浦河のメンタルヘルスのハブ機能を担っていくことになります。そこで得たノウハウを卒業された方がどんどん地域に広めていく。そんな循環がますます広がることを願っています。

▼文献

池淵恵美 2007「デイケアの概念と精神医療における位置づけ」『精神科臨床サービス』7-3 ; 310-315

伊藤絵美・向谷地生良 2007『ＤＶＤ＋ＢＯＯＫ　認知行動療法、べてる式。』医学書院

浦河べてるの家 2002『べてるの家の「非」援助論——そのままでいいと思えるための25章』医学書院

大濱伸昭・小林茂・向谷地生良 2009「地域づくりの観点から——先進的地域に学ぶ①浦河」『臨床心理学』9-5；627-634
川村敏明・向谷地生良＝監修 2009『ＤＶＤ＋ＢＯＯＫ　退院支援、べてる式。』医学書院
向谷地生良 2009a『技法以前——べてるの家のつくりかた』医学書院
向谷地生良 2009b『統合失調症を持つ人への援助論——人とのつながりを取り戻す』金剛出版
向谷地生良・小林 茂 2009「浦河におけるコミュニティ支援（総論）」『臨床心理学』9-6；816-821［本書第1部第2章］
Neenan, M. and Dryden, W. 2004, Cognitive Therapy : 100 Key Points & Techniques. Routledge.（石垣琢磨・丹野義彦＝監訳 2010『認知行動療法 100 のポイント』金剛出版）

第2章

当事者のための権利擁護とコミュニティ支援

べてるの仲間のお金の苦労と地域生活

池亀直美

1 はじめに

図1は、統合失調症による「機能障害」「能力低下」「社会的不利」を示したものです。この図は、脳の疾患とされる機能障害から二次的障害としての能力低下と社会的不利が引き起こされることを示しています。浦河べてるの家と浦河赤十字病院精神科デイケアを利用しながら地域で暮らす当事者のなかにも、統合失調症と診断され、このような苦労を抱えた方々が多く生活しています。彼らが地域で生活するにあたり、まず考えなくてはならないことは、人間が生きるために必要となる基本的三条件「衣」「食」「住」の問題です。そして、これらの三条件と不可分に関係するのが「お

①機能障害（impairment）——統合失調症に固有で、中核をなす症状

幻聴・妄想・思考障害などの中核症状、感情平板化・意識低下・自閉、再発しやすさ、注意・記憶・問題解決などの認知の障害

▼

②能力低下（disability）——機能障害の結果、日常の社会生活能力が低下すること

労働能力・対人関係能力・自立生活能力などの低下、社会やコミュニティで生きていくスキルの低下、自己イメージの低さ・抑うつ・自殺への危険、残遺症状がもたらす苦痛

▼

③社会的不利（handicap）——上の結果として社会的な不利益をこうむること

社会的地位の低下、就労・住居確保の制約、高い失業率、社会階層の低下、対人ネットワークの減少、家族との不仲、家族からの拒絶、施設への収容

図1　統合失調症の機能障害・能力低下・社会的不利
(Birchwood and Preston, 1991)

金」の問題となります。統合失調症の「機能障害」「能力低下」「社会的不利」といった苦労が「お金」の問題の苦労を伴って密接に絡んでくることになるわけです。本章では、そんなべてるの仲間のお金の苦労と、地域生活を支える浦河の権利擁護の支援を紹介させていただきます。

2 地域生活に伴うお金の苦労と再発のリスク

統合失調症患者が退院し、当事者として地域で暮らし始めると、再び入院生活とならないように生活の再建と再発防止が求められます。しかし、浦河では、退院患者が生活の再建に行き詰まったり、再入院となったりしても当然のこととして認められています。それは〝順調な苦労〟であり、回復の過程として捉えているわけです。また、長く入院生活を送っていたことや、病気からくる障害などのため、入退院を繰り返すことがあります。しかし、その理由ともなると、単純に幻聴や妄想が強くなったりして再入院となるわけではありません。結果として病気の具合が悪くなり入院に至るには違いありませんが、その引き金となる理由はさまざまです。また、ＩＣＦ[1]からも理解できることですが、当事者の地域生活の苦労は、「生活機能と障害」と「背景因子」とが複雑に影響しあっています。そこには、まさに当事者一人ひとりがもつ個別性、事例性ともいえる世界があります。当事者の再発や再入院に至る苦労は、そういった世界から現われてくるといえます。
この再発の引き金について精神科医の中井久夫氏は、次のような指摘をしています。

患者によって再発の引き金を引く条件が決まっていることが少なくない。これを患者が自覚し、治療者も心がけで、そういう条件や状況をできるだけ避ける。避けられないときは、いつでも連絡がつくように通りすごさせる。この状況は、①欲望に関係するものと、②心的外傷に関係するものとがあるようだ。欲望には、お金もうけのチャンス、異性に関するもの、名誉な地位・職業に関するものが多い。しかし、お金も好意的な異性の存在も地位も安全感を増大させるものであり、単純に「欲望」といいきれません。

（中井・山口 2004）

このように指摘される再発の引き金ですが、筆者の経験的な感覚では、浦河の場合、再発・再入院の引き金となる、（1）欲望に関係するもの、（2）心的外傷に関係するもののうち、（1）の理由から再入院に至る場合が多いような気がします。また、一口に欲望に関係するものといっても、多少ですが男女差もあるように感じています。
たとえば、〝ミスターべてる〟と呼ばれる早坂潔さんは、ずーっと異性とお金の苦労をしています。潔さんは大の女性好きなのですが、講演に行く先で女性と握手したり、写真を撮ったり、時には年一度の頻度で現われる「結婚してください！」と潔さんに求婚してくる女性と出会うと緊張して具合を悪くします。また内緒でパチンコに行ってもバレるのではないかと不安になり具合を悪くするといったエピソードもあります。潔さんは、そのたびに入退院を繰り返しています。おかげでいつも金欠です。欲求に正直で、隠し事のできない誠実な人柄の潔さんです。

また、入院生活から退院した好子さん（仮名）は、障害年金と生活保護費で生活していますが、洋服の買い物とタバコと食べ物の買い食いが止まりません。好子さんは、入院中一日六〇〇円で生活していたのですが、タバコと買い食いがやめられず、所持金が足りなくなると近くの店にツケで買い物をしてしまいます。そのため、月末になると買い物をした店からの請求書が届きます。幸い、好子さんは入院中であったこともあり、ほかに支出するものもなかったので、支払いに支障を来たしませんでした。けれども、請求額がわからないままツケで買い物をしてしまう好子さんのことは心配です。そこで支援者が、ツケで買い物をしないで済むように一日の生活費を一〇〇〇円に上げる提案をしました。しかし、好子さんは平気な様子で「足りてるから大丈夫」と、現実とはそぐわない返事をします。そんな好子さんが退院し、グループホームに住み始めたのですが、生活保護費が入ると両手いっぱいの食べ物や洋服を買ってきてしまいます。足りなくなればツケ買いも始まるかもしれません。好子さんの場合、統合失調症に加え、糖尿病という病気の苦労も抱えているのですが、衝動買い後のお金のやりくり不安と過食からの高血糖による不眠と体調不良、不眠からくる幻聴さんの音量の増加といったパターンを繰り返しています。好子さんは、急に幻聴さんから「お前、家賃を滞納しているだろ？」と言われて不安になり、罪悪感と不安から部屋で悲鳴をあげたりすることもあります。また、寝られないことから深夜に吸うタバコの数が増えて、タバコを求めて寝ている仲間を起こしてしまうということもあります。好子さんには悪気がないのですが、結果的に仲間との関係を悪くしてしまうパターンがあります。これらが高じてしまうと入院の引き金となります。普段の好子さんは、気立ての優しい人柄なのですが、こういった苦労を抱えて地域で生活をしています。

ほかにも、長い入院生活の末に退院した当事者が自分でお金を所持したことがないうえ、幻聴さんにバカにされたことが原因で器物を壊して弁償代に苦労したり、住み始めたアパートでタバコが原因のボヤ騒ぎを起こしてしまい、引越しを余儀なくされて引越し先やお金に苦労するなど、突発的な苦労が発生することがあります。

その現われ方はさまざまですが、このように統合失調症による病気の苦労とお金の苦労とが結びついて表出するわけです。

3 日常生活自立支援事業と成年後見制度

1 日常生活自立支援事業と成年後見制度の相違

先に述べたように、統合失調症の「機能障害」「能力低下」「社会的不利」といった苦労と「お金」の問題の苦労とは、当事者が地域で生活を営むうえで避けられないものです。障害をもつ方々が自分の障害年金や生活保護費などの財産を自己管理できるかどうかは、彼らが地域生活を送るにあたり大きな自立のテーマとなります。時には、支援者による支援が必要となります。

そこで活用される制度が「日常生活自立支援事業」(旧名称「地域福祉権利擁護事業」/以下、権利擁護事業)です。この事業は、社会福祉法第七五条第二項[2]に基づく制度で、各道府県社会福祉協議会を実施主体として平成一一(一九九九)年一〇月から実施が始まったものです。厚生労働省による権利擁護事業の紹介では、「認知症高齢者、知的障害者、精神障害者等のうち判断能力が不十分な方が地域において自立した生活が送れるよう、利用者との契約に基づき、福祉サービスの利用援助等を行うものです」とあります。言い換えれば、「障害当事者が自らの日常の生活のやり繰りに不安を感じるという理由から、適切な福祉サービスが受けられない事態とならないよう、福祉サービスの利用手続きの援助や代行、利用料の支払いなどを行い、当事者が地域で自立した生活が送れるように支援する」ことです。

しかし、この権利擁護事業が始まる前からも似たような仕組みがありました。「成年後見制度」というものです。参考までに、この成年後見制度についても説明しますが、これは以前にあった禁治産制度を、より利用しやすいように改めた制度です。主たる利用者は、判断能力が十分ではないとみなされた成年者です。制度の目的は、成年後見制度利用者に後見人を選任し、本人の意志をできるだけ尊重したうえで、その権利を保護することです。選任された後見人の仕事は、当事者本人の財産管理や身上監護（療養・看護につき適切な配慮をすること）です。後見人になれる人は、親族、弁護士、司法書士、社会福祉士、精神保健福祉士、および法人となります。成年後見制度の手続きのおおまかな流れとしては、制度を利用したい本人や親族の立場の者が家庭裁判所に申立てをするところから始まります。次に裁判所から依頼された医師が本人の意思能力を鑑定（評価）し、その評価資料をもとに適切な後見人を選任します。また、当事者本人の能力によっても支援者の権限が異なり、権限が広い順に後見、保佐、補助という分類に分かれ、支援者の名称もそれぞれ後見人、保佐人、補助人と呼びます。また、申立てにかかる費用や後見人等への報酬などはすべて当事者本人の財産から賄われることになります。しかし、申請の段階から後見人選任までの煩雑さ、後見人選任後に当事者が受ける制約、結果的に後見人として引き受ける当事者に対する責任の重さなどの問題があります。

こうした問題点を受けて、成年後見制度を利用するほどではないにしても、当事者が自立した地域生活を送るにあたり、限定的な範囲で支援を受けることができる、より日常的で利用しやすい制度として考えられたのが権利擁護事業であるといえます。

2 権利擁護事業の取り組みと手続き

入院患者が生活から退院し、当事者として地域で生活を始めると、さまざまな要望や課題が出てきます。たとえば、福祉サービスに直接関わる要望として「べてるを利用したい。どうしたら登録できるの?」「就労継続支援B型に登録しているけど、自分には生活介護でやっていることがあっているような気がする。でも、生活介護にかわれるのか?」「この前、社会保険庁というところから青い封筒が届いたけど心配だ。どうしたらいい?」「新しく生活保護を受け取ることになったけど、どうやって受け取ればいいのか不安です」といったものがあります。またお金に関係する生活上の不安として「お金を持っていると、つい使いすぎてしまい、月末までもちません。どうしたらいいでしょう?」「今度、テレビがデジタル放送だけになるそうだけど、テレビを買い換えたい。でも、年金のお金だけで大丈夫だろうか?」「うっかり通帳や印鑑、生活保護受給者証をしまいこ

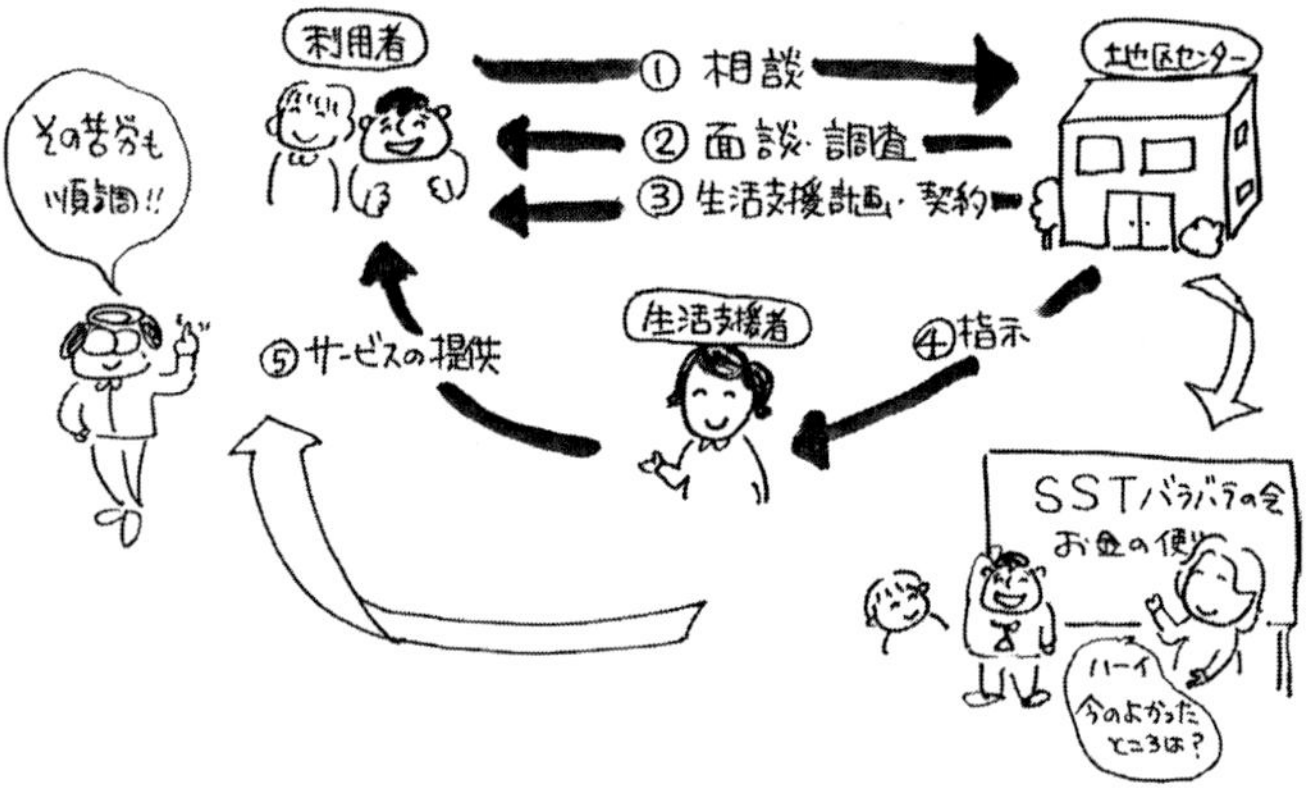

図２　権利擁護と利用を応援するべてるのSST・当事者研究

んで場所を忘れてしまいます」といったものがあります。こうした要望や課題に権利擁護事業は関わることになります。以下、権利擁護事業のサービスの提供内容と手続きをQ&A方式とイメージ図（図２）で紹介してみましたのでご参照ください。

（Q）地域福祉権利擁護事業は、どんな援助をしてくれるのですか？

（A）福祉サービスについての情報提供、助言、そして福祉サービスを利用したいときの利用手続きをします（申込みの手続きへの同伴、代行、契約締結など）。グループホームの家賃や公共料金の支払いや年金の受け取りの確認、物品の購入計画と支出計画、一週間ごと一日ごとに使える生活費の分割など、日常的な金銭管理を支援します。なくしてしまいがちな通帳、印鑑、各種証書などの保管の支援をします。ほかにも福祉サービスについての苦情解決制度を利用する手続きについて支援をします。

(Q)利用の手続きをするには、どうしたらいいですか?

(A)利用を希望される方は、住んでいる地域の地域福祉生活支援センター、または社会福祉協議会にご相談ください。利用希望者との面談、調査などを行ない、本人の状況を確認します。自立生活支援専門員が、その方の希望と状況に応じた生活支援計画を作成します。その生活支援計画に基づく支援することが合意できれば、利用契約を結びます。

(Q)契約は誰がどのように行なうのですか?

(A)契約は、利用者本人と北海道社会福祉協議会が行ないます。この事業は、利用契約による援助を基本とするため、契約内容などについての確認をします。利用者本人の契約能力の確認が難しい場合には、社会福祉協議会に設置されている「契約締結審査会」で審査をすることもあります。

(Q)権利擁護事業を利用するには費用がかかるのですか?

(A)相談や生活支援計画の作成などは無料です。契約を結んだ後の生活支援員による支援については利用料が必要です。契約に基づいて行なわれるサービスには費用がかかります(一時間あたり平均一二〇〇円と支援員の交通費を負担することになります)。

（Q）権利擁護事業のサービスを提供する人は、どんな人ですか？

（A）地域福祉生活支援センターでは「自立生活支援専門員」が相談を受け付けます。受付から生活支援計画の作成まで利用者を総合的に支援します。生活支援計画に基づき、各市町村ごとに登録されている「生活支援員」が、利用者のもとに行き、サービスを提供します。

こうした権利擁護事業を、浦河べてるの家と浦河赤十字病院精神科デイケアを利用する当事者も大いに活用しています。表1は、浦河地域の権利擁護事業の利用状況を表わしたものです。権利擁護事業の契約締結件数の大多数が、浦河べてるの家と浦河赤十字病院精神科デイケアを利用する当事者です。

4 浦河での権利擁護事業と心理支援者との連携

このように活用される権利擁護事業ですが、そこに心理的な支援が結びつくと、地域生活を営む当事者の力がよりエンパワメントされることになります。浦河べてるの家と浦河赤十字病院精神科

表１　浦河地域の権利擁護事業の利用状況（2010年４月現在）

番号	項目	件数・人数
1	相談・問合せ件数（総件数） うち本事業の利用に関するもの	3件
2	契約締結件数（契約の内容の例） ・介護保険における福祉サービス利用援助 ・行政による福祉サービス利用援助 ・ボランティアによる福祉サービス利用援助 ・公共料金、税金等の支払い援助 ・預貯金の払戻し等の援助 ・預貯金通帳の預かり・印鑑の預かり	31件
3	契約準備件数（おおよそ3月末までに契約が見込まれるもの）	1件
4	自立生活支援専門員数	1人
5	生活支援員登録者数	5人

デイケアを利用しながら権利擁護事業も利用する当事者は、認知行動療法のひとつであるＳＳＴと浦河発の支援技法である当事者研究を活用しています。

ここで再び潔さんに登場していただきますが、たとえば、潔さんにはパチンコの誘惑に駆られてパチンコに行ってしまうという苦労があります。たいていはパチンコで負けてしまい金欠状態になります。そこで潔さんは、パチンコに行きたくなる、金欠になる病気のメカニズムを当事者研究で研究し、自分と問題を切り離して自己病名をつけます。仮に、ここでは潔さんの自己病名を「パチンコ依存症金欠症候群」としたいと思います。そして、この研究成果から今度はＳＳＴを用いて、先ほどの「パチンコ依存症金欠症候群」をテーマとした練習課題を設定し、仲間の応援を受けながら対処法を身につけます。また、時には権利擁護事業の支援者に上手に相談をする方法をSSTで練習してから権利擁護の支援を受けることもあります。こうして潔さんは、権利擁護事業を利用しはじめてから貯金もできるようになり大変喜んでいます。

また地域生活を営む当事者には、統合失調症の方だけではなく、発達障害傾向の方、要求通りお金が使えないと感情を爆発させる方などさまざまで、権利擁護の支援が行き詰まることがあります。こうしたときも浦河べてるの家と浦河赤十字病院精神科デイケアの支援者が権利擁護の相談場面に同伴しながら、適切な助言や介入を図っています。

このように権利擁護事業に、SSTや当事者研究などの支援システムを加え、心理支援を行なう支援者と連携させることで当事者の地域生活を支えています。

5 まとめ

統合失調症を抱える当事者が「機能障害」「能力低下」「社会的不利」といった苦労をもちながら地域生活を送るとき、お金の苦労が必ず生じます。しかし、当事者のお金の苦労は、実は良い苦労であることに気づかされます。なぜならば、当事者の病気の苦労から現実感ある生活の苦労に変わる過程に、当事者が地域生活へと足場を築き、そこで生活していく回復の過程が見て取れるからです。しかし、お金の苦労も失敗すると、当事者自身が服薬を拒否したり、閉じこもったりするといった自分を大切にしない〝苦労の丸投げ〟を引き起こします。こうして自ら病気の苦労の世界に舞い戻り、再入院に至るケースがあります。それゆえ、当事者が地域で生活することは、実は病気そのものの支援というよりも、生活の支援であるといえます。まさに具体的な生活の課題にこそ当事者の地域生活の成否の鍵があるといえます。浦河では、こうした具体的な生活の課題に対し、権利擁護事業と心理支援を連携させて取り組んでいます。

▼注記

潔さんの事例は、『精神看護』（医学書院）に連載中の「べてる新聞「ぱぴぷぺぽ」」、『スピリチャリティ』（一麦出版社）に連載中の「べてるな人々」ほかで公表されてきたものを参考に本人の了解のうえで掲載しました。好子さん（仮名）の事例は、浦河であった当事者たちの出来事を物語化したもので実際の事例とは異なります。

▼註

1　ＩＣＦ（International Classification of Functioning, Disability and Health／国際生活機能分類――国際障害分類改訂

版)。二〇〇一年五月に開かれたＷＨＯの総会で採択された機能障害と社会的不利に関する分類。

2 社会福祉法第七五条第二項「国及び地方公共団体は、福祉サービスを利用しようとする者が必要な情報を容易に得られるように、必要な措置を講ずるよう努めなければならない」

▼文献

伊藤知之・本田幹夫・小林茂 2010「当事者が仲間を、そして自分自身を助けること——セルフサポートセンター浦河の実践から」『臨床心理学』10-2; 298-303【本書第1部第4章】

浦河べてるの家 1995-1997『ベリー・オーディナリー・ピープル——とても、普通の人たち・予告編』(全七巻・ＶＨＳビデオ)

浦河べてるの家 2001『ビデオシリーズ・精神分裂病を生きる』(全一〇巻・ＶＨＳビデオ)。

浦河べてるの家 2002『べてるの家の「非」援助論——そのままでいいと思えるための25章』医学書院

浦河べてるの家 2005『べてるの家の「当事者研究」』医学書院

浦河べてるの家 2006『ビデオシリーズ・べてるの家の当事者研究』(全一〇巻・ＶＨＳビデオ)

大濱伸昭・小林 茂・向谷地生良 2009「地域づくりの観点から——先進的地域に学ぶ ①浦河」『臨床心理学』9-5; 627-634

川村敏明・向谷地生良＝監修 2008『ＤＶＤ＋ＢＯＯＫ 退院支援、べてる式。』医学書院

小林 茂 2010「浦河べてるの家の活動とコミュニティ支援」『臨床心理学』10-1; 117-122【本書第1部第3章】

斉藤道雄 2002『悩む力』みすず書房
斉藤道雄 2010『治りませんように』みすず書房
すずきゆうこ 2006『べてるの家はいつもぱぴぷぺぽ』McMedian
中井久夫・山口直彦 2004『看護のための精神医学』医学書院
べてるしあわせ研究所 2009『レッツ！ 当事者研究1』NPO法人地域精神保健福祉機構・コンボ
べてるねっと「当事者研究の部屋」(http://bethel-net.jp/tojisha.html)
向谷地生良 2006『安心して絶望できる人生』NHK出版
向谷地生良 2008『べてるな人々 第一集』一麦出版社
向谷地生良 2009a『技法以前――べてるの家のつくりかた』医学書院
向谷地生良 2009b『統合失調症を持つ人への援助論――人とのつながりを取り戻すために』金剛出版
向谷地生良・川村敏明 2008「"当事者の力"に支えられる精神医療」『現代のエスプリ』487 ; 132-144
向谷地生良・小林 茂 2009「浦河におけるコミュニティ支援（総論）」『臨床心理学』9-6 ; 816-821［本書第1部第2章］
横田正夫・丹野義彦・石垣琢麿＝編 2003『統合失調症の臨床心理学』東京大学出版会
Birchwood, M. and Preston, M., 1991, Schizophrenia. In : Dryden, W. and Rentoul, R.（Eds.）Adult Clinical Problems : A Cognitive-Behavioural Approach. Routledge.（丸田伯子＝訳 1996『認知臨床心理学入門』東京大学出版会）

第3章

子育て支援と浦河管内子どもの虐待防止

ネットワークの取り組みから

伊藤恵里子

1 はじめに

今回はある事例を通して「浦河管内子どもの虐待防止ネットワーク」[1]（以下、ネットワーク）の活動を紹介したいと思います。浦河には障害や病気をもちながら子育てをしている当事者が多く生活しており、彼らを支援する活動も幅広く展開されていますが、その中心にあるのがネットワークです。このネットワークはさまざまな困難を抱える当事者によってつくりあげられてきた取り組みであるといえます。

本章では、浦河の子育て支援の一端をお伝えできたらと思います。

2 みかさんが出産するまで

みかさんは北海道内のある町で生まれ、アルコール依存症の父親から虐待を受け、二歳のときから児童養護施設で育ちました。幼いころから、自分を痛めつけることや、怪我をするのが好きだったといいます。施設でも学校でも居場所が見つけられず、逃亡や非行、リストカット、多量服薬、スプレーで火傷をつくるなど数々の自傷行為を重ね、思春期になると精神科の入退院を繰り返すことになります。最終的に保護室対応となり、保護室からも暴れて脱走したので、関係者も困り果ててべてるに依頼してきたという経過がありました。浦河に転居してからも自傷行為は続きました。痙攣発作で意識消失し、救急車で病院に運ばれてくることも頻繁にあり、消防署や救急外来でも顔なじみになるほどでした。そして自分と似たような苦労を抱える男性とべてるで巡り会い、いつの間にか浦河から転出し居場所がわからなくなってしまいました。

再び夫とともに浦河に現われたときは、臨月（出産二週間前）でした。莫大な借金を抱えていて、行き当たりばったりで決めた住宅は上下水道が壊れていました。出産を受け入れる病院の体制を整えるのも容易ではありません。まわりは頭を抱え「子どもを育てることは無理だ」と感じる人が大半でした。

しかしべてるには、どんな状況であっても生まれてくる命に「おめでとう」を言う文化があります。どんなに問題だらけで、まわりが不安でいっぱいになる状況でも、それでも「おめでとう」なのです。それは、当事者にはかならず自分自身の課題と向かい合い、それに取り組んでいく力があることを信じるという、支援者としての専門性に裏打ちされた姿勢であるといえます。同時に地域のサポート体制が問われる態度でもあります。

出産間近のみかさんは、べてるや病院のスタッフとともに自分の助け方の本格的な研究と練習を始め、そしてネットワークともつながっていくこととなります。

3 浦河管内子どもの虐待防止ネットワークの活動

浦河では、平成一一（一九九九）年より子どもの虐待防止のためにネットワークを構築する活動が始まりました。この活動のきっかけは、多機関が各々の立場で関わっていたにもかかわらず、子どもの養育環境が全く改善されなかったある事例との出会いでした。関係者が集まり、自分たちの行き詰まりと空回りしてしまう支援状況を確認し、子どもたちが安心して暮らせるための効果的な支援を展開したいと検討しました。この活動は平成一三（二〇〇一）年、正式に「浦河管内子ども

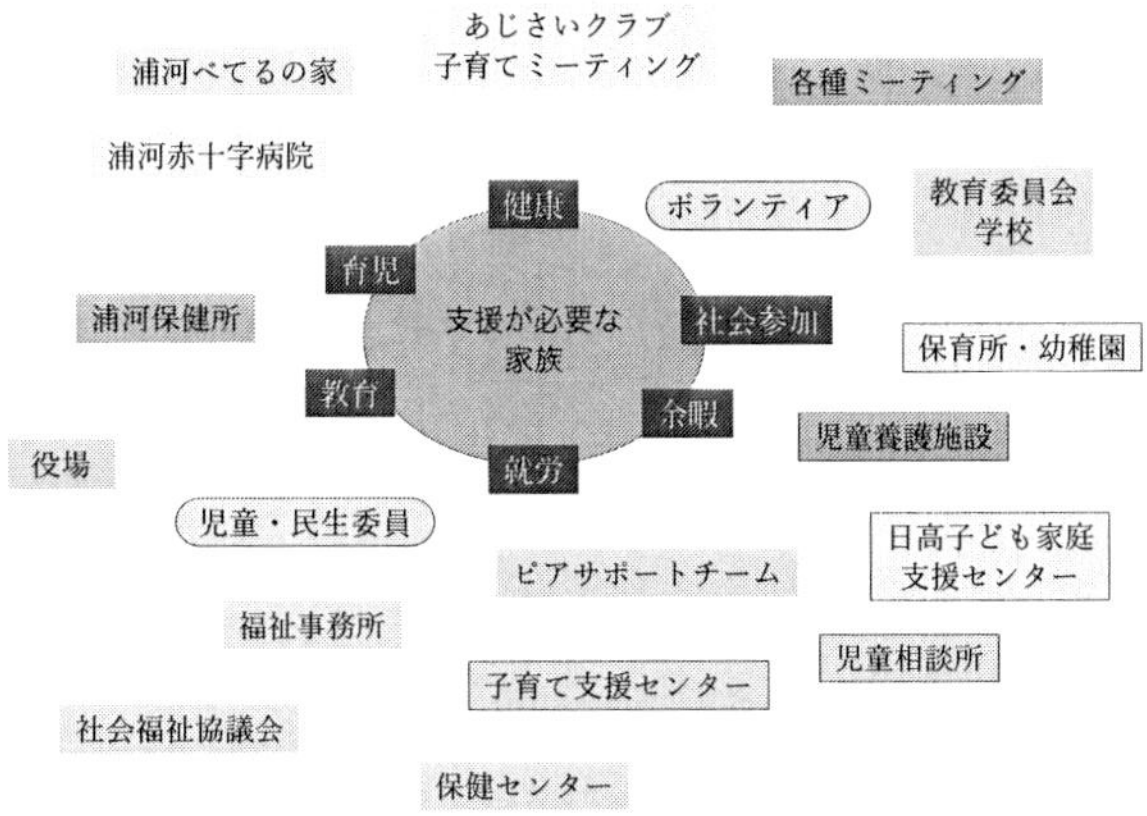

図１　浦河管内子どもの虐待防止ネットワーク

の虐待防止ネットワーク」として設立されることになります。構成機関は図1、ネットワークの理念は表1の通りです。

　児童福祉法が見直され、児童虐待防止法が制定されたのが平成一二（二〇〇〇）年ですので、ネットワークの活動はそれに先駆けて進んだ取り組みでした。その後厚生労働省は、平成一六（二〇〇四）年の児童福祉法の改正により、虐待を受けた児童に対する市町村の体制を強化するため、関係機関が連携を図り「要保護児童対策地域協議会（子どもを守る地域ネットワーク）」の設置を進めることを指示しました（厚生労働省 2008a, b）。厚生労働省（2009）によると、地域協議会などのネットワークの設置は、平成二〇（二〇〇八）年度三月末で約八五％の市町村に設置されたとのことです。日本全国で虐待防止への取り組みは年々

表1　浦河管内子どもの虐待防止ネットワークの理念

(1)	子どもの虐待への介入のみならず、「支援を必要としている家庭」への早期発見と早期支援の展開をめざす。
(2)	当事者がすでに持ち備えている〈内なる力〉の存在と、当事者自身が自らの課題に取り組める力を信じる（エンパワメント・アプローチ）。
(3)	問題点に注目するのではなく当事者のもつ能力に注目し、それを伸ばしていくことを応援する（ストレングス・アプローチ）。
(4)	当事者と支援者お互いが、協力的な関係を築くことをめざす（パートナーシップ）。
(5)	支援者が、自らの無力さをわきまえ、安心して相談できる場と、自らの支援のありようを考え、学び合える場をめざす（弱さを絆に）。
(6)	人を応援するという、支援者の重要な態度や哲学を確立する場をめざす。
(7)	当事者支援者両者が、十分自らの力を発揮できるために不可欠な〈安心感〉の広がりをめざす。

進み、各地域で関係機関の連携が組織化される時代が来たことが窺えます。

4 応援ミーティング

みかさんには「子どもに自分と同じ苦労は背負わせたくない」という強い思いがありました。生まれてくる子どもに安心できる暮らしを保障するために、ネットワークの関係機関（児童相談所、保健所、保健センター、子育て支援センター、浦河べてるの家、病院など）が「応援団」として集まり、当事者本人を含めて「応援ミーティング」が開催されました。

応援ミーティングとは、当事者とそれを応援する仲間や支援者がパートナーシップを組み、これまでの経過を振り返り、取り組むべき課題を共有し、活用するサービスやプログラムを具体的に検討する会議です。応援ミーティングの基本理念は「会議の主体はあくまでも当事者」ということです。専門家が当事者抜きで問題を分析し、解決への援助を検討してきた伝統的な処遇検討会議とは全く異質なものです。問題解決型アプローチではなく、当事者本人の自己実現に焦点をおくエンパワメント・アプローチなのです。「処遇検討」ではなく「応援」。応援ミーティングというネーミングは、当事者こそ自らの現実についての専門家であり、支援者は当事者とのパートナーシップを大切にしながら応援する立場だということを示しています。

みかさんの応援ミーティングは出産後も毎月定期的に行なわれており、夫婦で参加しています。ふたりからまず最近の良かったこと、苦労していることが報告されます。みかさん夫婦と応援団は意見交換しながら苦労のメカニズムを確認し、当面取り組むべき短期目標を共有するのです。

5 支援プログラム

母親となったみかさんの応援ミーティングで確認されたテーマは、「相談すること」「仲間のなかに入ること」「正直に語ること」でした。こうした課題に彼女が取り組めるよう、ネットワークは地域で提供している既存のサービス（表2）を、本人のニーズに合わせて紹介しました。

表2　支援プログラム

目標	相談することと	自分を語ることと	仲間のなかに入ること
応援ミーティング	○	○	
子育てグループ（あじさいクラブ）	○	○	○
浦河べてる（共同住居・生活支援・就労支援）	○	○	○
精神科受診	○	○	
医療ソーシャルワーカーの面接・訪問	○	○	
精神科ディケア	○	○	○
各種ミーティング（爆発ミーティング・気持ちミーティング・カップルミーティングなど）	○	○	○
保健師・子育て支援センターの訪問	○	○	
日高家庭子ども支援センターの面接・訪問	○	○	
権利擁護事業	○	○	
ボランティアの家事育児支援	○		
ピアサポート	○	○	○
児童相談所の緊急一時保護	○		

ここで重要なのは、当事者と支援者両者が、支援プログラムを活用する意図や目的を共有していることです。支援を「受ける」のではなく、当事者自身が能動的に「活用する」支援を意識します。また、それぞれの支援が、独立した形で一機関ごとに行なわれるのではなく、当事者がめざしている取り組みを皆で共有し、一連の流れのなかの一支援として提供できていることも重要な点です。

みかさんはすでに一歳半と六カ月の二児の母となっています。現在も各種の支援プログラ

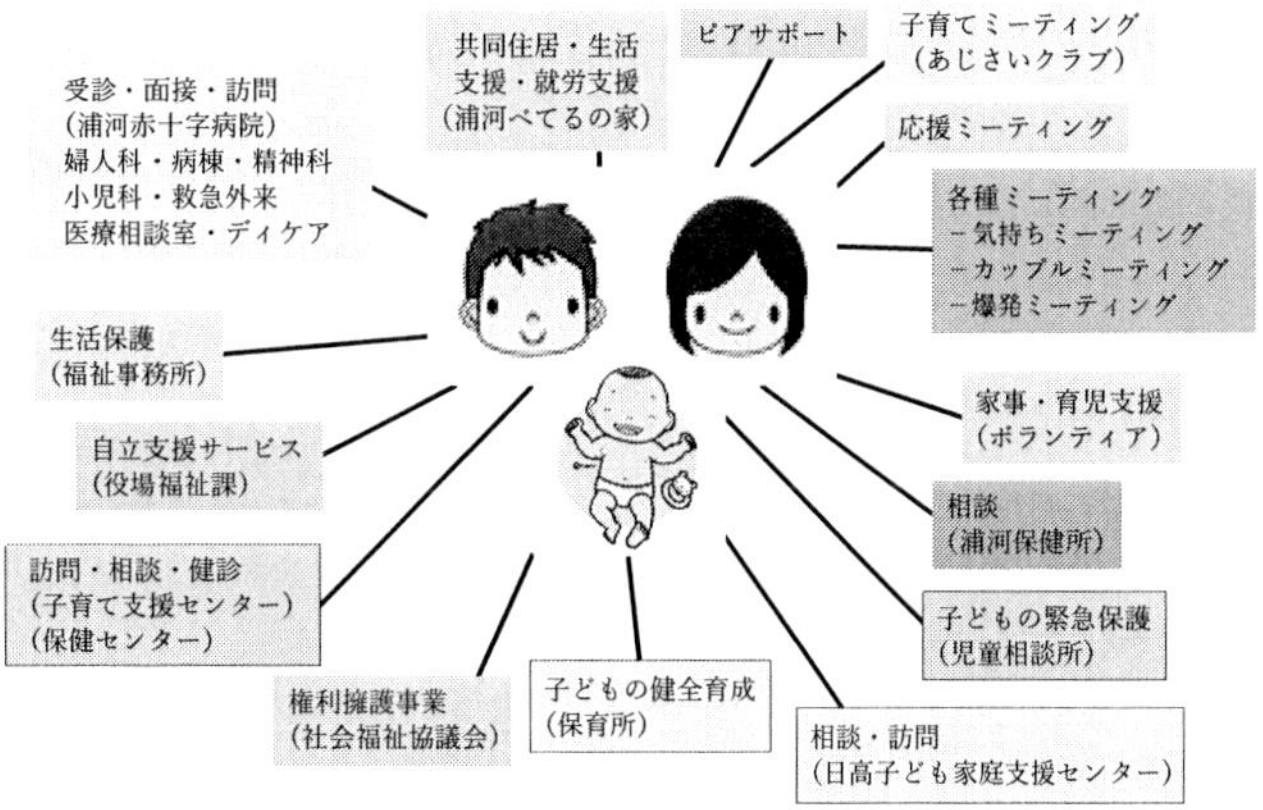

図２　みかさん一家の応援ネットワーク

ム（表２）をフルに活用し、子どもとの安心した暮らしをめざしつづけています。べてるの共同住居に入居しながら生活支援、食事支援を活用しています。これまで家事の経験がなかったのでボランティアにお願いし、家の片付けや掃除の家事モデルを見せてもらい、一緒に動いてみるなかで家事労働のコツや要領を勉強しています。保健師や子育て支援センターのスタッフの定期的な家庭訪問では、子どもの健康面、離乳食の作り方や食べさせ方、赤ちゃんのあやし方や遊び方など、子育ての具体的な方法を教えてもらっています。お金の問題が家庭崩壊につながる失敗体験をしているので、権利擁護事業（本書第２部第２章参照）を活用してお金の使い方の練習もしています。対人関係などでの困難に遭遇すると、精神科医やソーシャルワーカーに相談し課題の整理をします。

6 あじさいクラブ

みかさんにネットワークが推薦した支援プログラムのなかに、「あじさいクラブ」があります。あじさいクラブは、障害や病気をもちながら子育てに取り組んでいる親たちの会です。一五年ほど前に、べてるのメンバーが同時期に数人妊娠したことをきっかけに、仲間が集まる場を設けたのがスタートでした。平成一一（一九九九）年、べてるや病院、関係機関のサポートのもと、この活動を新たに「あじさいクラブ」と名付け、当事者活動を地域に広げる動きを始めました。あじさいクラブの参加メンバーは、知的障害や発達障害をもつ親、統合失調症をはじめ、解離性障害やうつ病、依存症などの精神疾患をもつ親など、さまざまです。小児科で子どもを怒鳴っているところをあじさいクラブのメンバーにスカウトされた親、素直に自分を語るメンバーたちの姿を自分たちも真似たいと噂を聞いて参加希望される町民、育児休暇中の保健師、子育てを応援したいと思っている人、いつか子どもがほしいと思っている人などなど、いろいろな方があじさいクラブを訪れます。

あじさいクラブの活動は週に一度親のミーティングを行なうことが中心ですが、年に数回夏祭りや新年会を行ない、子どもと一緒に家族で楽しめる行事も企画しています。行事には、養護施設に入所しているあじさいメンバーの子どもたちも参加するので、約三〇名の子どもたちが集まります。

近年では、ギャンブル依存などでスリップしている親が行事に出てこられない状況でも、子どもたちだけで積極的に出席する姿もあります。その子どもたちが、家庭環境で苦労している地域の友だちを誘って連れてくるなど、次の世代の子どもたちへの応援が始まっています。

毎週行なわれるあじさいクラブのミーティングには、七人から一二人くらいのメンバーが集まり、日常生活における子育てや夫婦関係、親として社会参加する際の困難などをテーマに語り合います。当事者研究をベースに自分たちに起きている苦労を仲間とともに研究し、SST（Social Skills Training／生活技能訓練）で新しい対処法やよりよいコミュニケーションの仕方を練習します。当事者研究とは、自分自身の抱えている苦労や生きづらさを外在化し、その歴史や認知パターン、行動パターンを当事者自らが仲間やスタッフの協力の下に解き明かしていく〝研究〟という名の作業です。SSTは、「認知行動療法を基盤に当事者が練習を積み重ねることによって、自分の認知能力と対人行動能力の改善を図ることを支援していく系統的な方法」（前田 2002）です。メンバーたちは、さまざまな理由から適切な対人行動を取るのが苦手であったり、習得する機会が少なかった人たちが多いので、子どもとのコミュニケーションの取り方や子育てに必要な親業の練習を具体的に学習する機会を求めています。また、保育所や学校に出向く際のソーシャルスキルなど、社会参加する意欲と能力が増していけるよう支援を提供していく必要性もあります。

7 ミーティングの様子

みかさんは、先日のあじさいミーティングで、子どもの泣き声から起きてくるマイナス思考について語りました。子どもが泣きやまない状況になると、その泣き声が「おまえなんて最低の親だ」「おまえみたいなヤツは親の資格はない」という声に聞こえてしまい、自分を責めているうちに、「自分なんていないほうがいい」「必要とされていない」「死んだほうがましだ」と発展してしまい、リストカットしたくなり、逃亡したくなるという報告でした。

早速、当事者研究が始まりました。彼女の頭のなかに自動的に浮かんでくる考え、癖のように渦巻く自動思考のパターンをあじさいのメンバーと一緒に明らかにしてみました。そして、その思考に頭が〝ジャック〟されたとき、それが自分の行動にどのような影響を与えるかの行動パターンを図式化してみました。いつもの悪循環をホワイトボードに外在化し眺めてみると、自傷行為に至る経過が明確になってきます。「自分たちにも似たような思考パターン、行動パターンがある！」と他のメンバーたちが共感し、深刻だった課題がいつの間にか笑いに変化していきます。「当事者の認知を変えていく支援にはグループの力が有効である」（前田2003）との指摘がありますが、子育て分野においてあじさいのメンバーが携えてくるテーマは、認知にアプローチする必要性が高い内容も多く、グループの相互作用の力を用いることの効果を実感します。

仲間の力を借りて、マイナスの自動思考を置き換えるため、新しい認知のアイディアを出し合いリストにしました。ロールプレイの方法を使って、赤ちゃんが泣き出す場面をその場でつくり、数人のメンバーに「マイナスの自動思考」を演じる役になってもらいました。「新しい認知役」を演じてもらうメンバーは、マイナスの自動思考に負けない多数の人数にしました。「おまえは親の資格がない」と呟くマイナスの自動思考役に対して、新しい認知役のメンバーたちに「大丈夫!」「赤ちゃんは泣くのが仕事!」「元気に泣くと成長する」と大きな声で伝えてもらいました。本人も「落ち着こう」と自分に声をかけ、赤ちゃんに必要なことを行動するという練習をしました。実際の場面でも仲間たちにかけてもらった新しい認知の声を思い出せるように、ポスターをつくり部屋のよく見える壁に貼ることにしました(図3)。

みかさんは、現在も〝順調な苦労〟と日々出会いながら生活しています。私たちは、苦労は悪いことではなく、そこから考えたり、悩んだり、相談したり、練習していける良いチャンスとして捉えます。みかさんの苦労はなくなったわけではないけれど、ひとりで抱え込まず、応援してくれる人とつながることで、苦労の取り扱い方が上達しています。自傷行為などの行動化に振り回されず、自分を表現する言葉が広がり、安心のサイクル(図4)が増えました。当事者研究も自分のさみしい、かまってほしいという気持ちを持て余す「こっち見て症候群の研究」、不安なんだ、困ってる

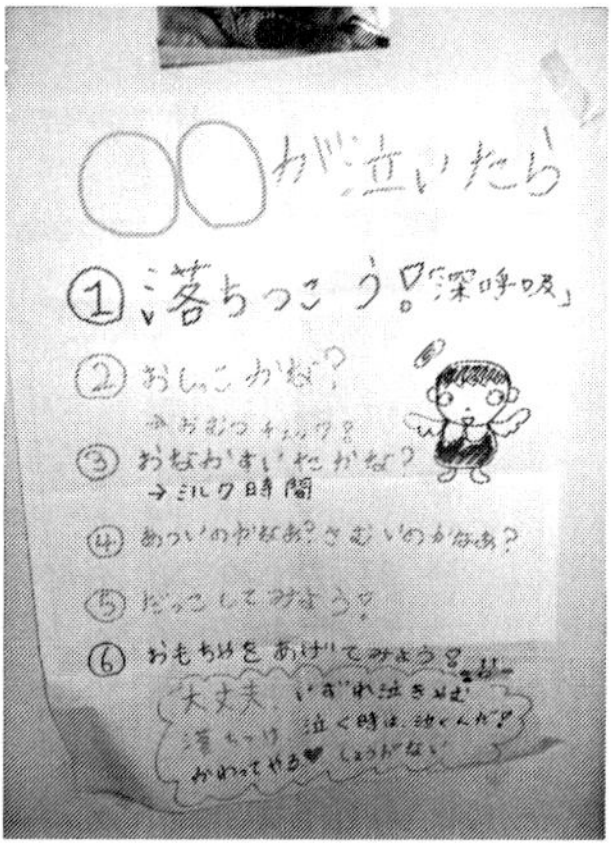

図３　ポスター「○○が泣いたら……」

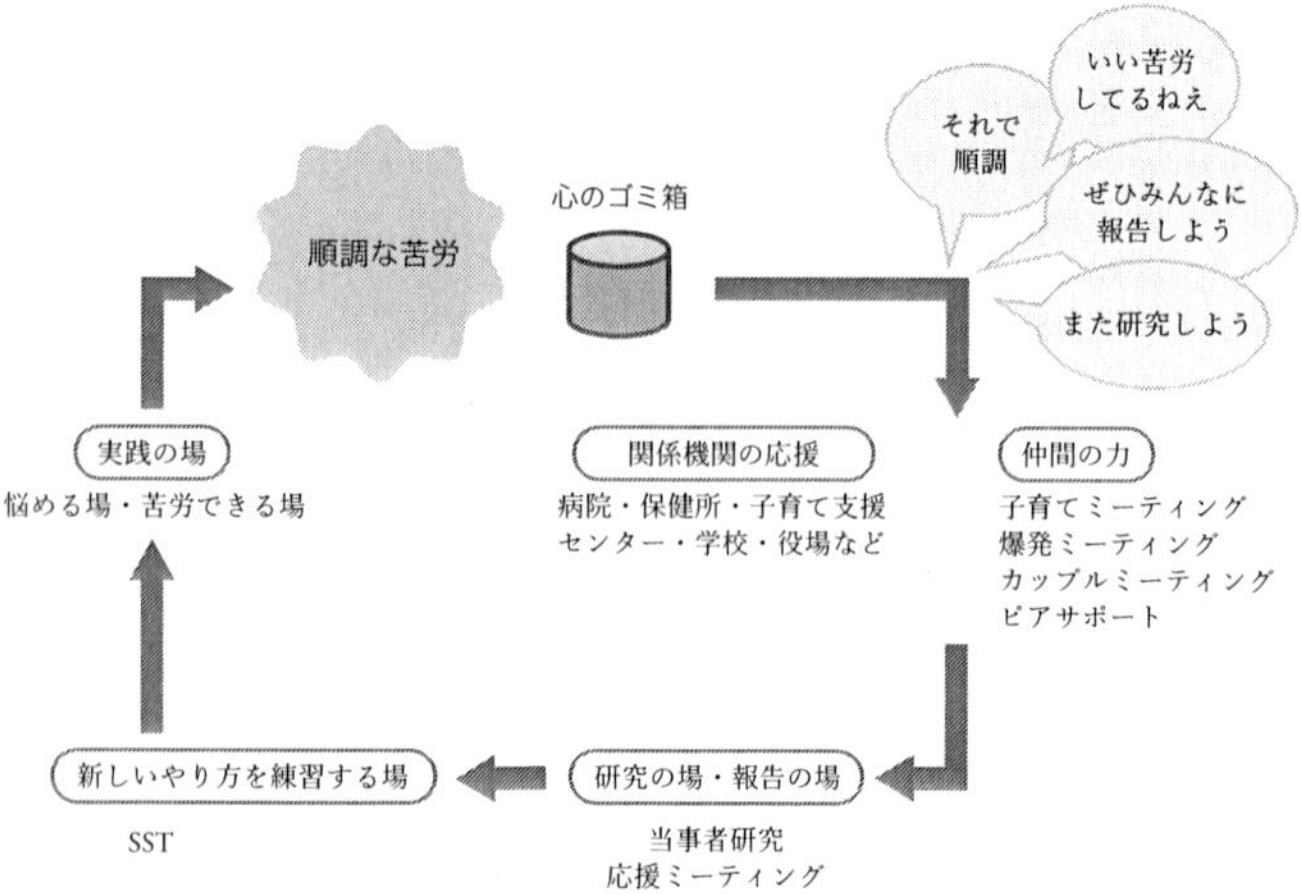

図４　安心のサイクル

んだ、という気持ちをうまく伝えられず、倒れて運ばれるパターンを研究した「救急車からの脱出の研究」、子どものためにしなくてはいけないことよりも、自分の欲求の取り合いとなる夫婦喧嘩「ずるいずるいスイッチの研究」など、興味深い内容の研究を数々積み重ねています。

8 おわりに

児童虐待の発生リスク要因のひとつとして「障害をもつ親」、特に「精神障害をもつ親」という指摘がありますが、実際浦河で障害をもちながら子育てをしている当事者を応援していると、安直にそう強調されることへの抵抗が出てきます。障害をもつということは確かに子育てを難しくするものの、障害の有無にかかわらずストレス要因が重なれば虐待に至る可能性は誰にでもあります。であるならば、障害をもつかどうかではなく、当事者たちが安心できる場や自分の課題と向かい合える場、研究や練習ができる場が地域に存在するかどうかが重要だと思います。障害をもつ親への応援システムが充実する環境は、障害をもたない親も含めた全世帯の家族にとって、安心して子育てができる地域に繋がるはずです。

▼註

1　要保護児童対策地域協議会が設置され、平成二四（二〇一二）年度よりその一部に組み込まれた。

▼文献

厚生労働省 2008a「児童虐待の現状とこれに対する取り組み」厚生労働省
厚生労働省 2008b「社会福祉行政業務報告」厚生労働省
厚生労働省 2009『子どもの虐待対応の手引き――厚生労働省の改正通知』有斐閣
日本弁護士連合会子どもの権利委員会 2008『子どもの虐待防止・法的実務マニュアル』明石書店
野口啓示 2008『被虐待児の家族支援――家族再統合実践モデルと実践マニュアルの開発』福村出版
前田ケイ 2002「ＳＳＴの過程で集団の力を生かす諸技法」『行動療法研究』30-1
前田ケイ 2003「自己対処技能の獲得を援助する方法」『精神科臨床サービス』3；455-460
松宮透高 2009「児童虐待における親のメンタルヘルス問題」『研究助成論文集』44；188-197
向谷地生良 2006『安心して絶望できる人生』ＮＨＫ出版
向谷地生良 2009『技法以前――べてるの家のつくりかた』医学書院
Holder, W. and Lund, T. 1995, Translating risk to positive outcomes. The APSAC Advisor 8-4

第4章

浦河町の社会教育行政とコミュニティ支援

浦河べてるの家とのパートナーシップ

浅野浩嗣

1 はじめに

私が社会教育主事の仕事に就こうと転職し、浦河に来てから二四年。「浦河べてるの家」（以下、べてる）とも長い付き合いになりました。全国そして海外からも多くの当事者やその家族、医療福祉関係者たちが、べてるに何かを求めこの町にやってきます。

本章では、べてるの学びを中心に当町社会教育行政との係わりについてご紹介します。

2 べてるのある町、浦河

浦河は、札幌から南東へ一八〇キロ、歌で有名な「えりも岬」からは北西へ五〇キロほどのところにある、日高山脈を背に太平洋に面した町です。一番近い市でも車で二時間かかり（信号機が少なく車の流れも良いのですが）、ＪＲの駅はありますが本数も少なく、札幌への往来は直行便が一日七本あるバスのほうが便利です（所要時間三時間二〇分）。

人口は、私が浦河に来た一九八九年には一万七〇〇〇人ほどでしたが、今は一万三七一九人（二〇一二年一一月末現在）となり、高齢化率は二六・五％（二〇一二年一二月一日現在）となっています。面積は東京二三区より一割ほど広い六九四キロ平米もあります。しかし、山林が八一・三％、牧場（主に競走馬生産育成用）が一〇・三％を占め、宅地は〇・九％にすぎません。

主な産業は自然環境を活かした農業と水産業です。なかでも競走馬の生産額がもっとも高く、町内には二二〇ほどの馬の牧場があり、浦河を含めたこの日高地方は国内最大の競走馬の生産地で、ここでしか見ることのできない西欧風の牧場景観がダイナミックに広がっています。札幌や新千歳空港から浦河まで単調な道が続きますが、夏には車窓から緑のまきばに佇む馬と、黒く光る昆布が浜を埋め尽くす風景を臨むことができます。

また、町内には乗馬施設がいくつかあり、幼児から高齢者、障害者までさまざまなタイプの乗馬体験をすることができます。美味しい海の幸と馬とのふれあいができる町、浦河。もちろんべてるもあります。

ところで、浦河には国や北海道の出先機関や日本中央競馬会の大規模施設などがあり転勤者も多く、牧場で外国人が働くなど、都市から離れた小さな町にしては人の出入りが多く、べてるに集う関係者も含め、「風の人」と「土地の人」が融合しながら暮らす町です。

町並は、過疎とか、寂れているというほどではありませんが、二〇一〇年、過疎地域自立促進特別措置法（いわゆる過疎法）が改正され、同年四月から浦河町もこの法律の適用対象となり正式に過疎地の仲間入りをしました。ちなみに北海道には市町村が一七九ありますが、その八割に当たる一四三市町村が過疎地の指定を受けています（全国では四五％の市町村が指定）。

この法律は、過疎地の「……自立促進を図り、もって住民福祉の向上、雇用の増大、地域格差の是正及び美しく風格ある国土の形成に寄与することを目的とする」（同法第一条目的）というもので、そのために過疎債などの優遇措置がなされます。こんな浦河の町にべてるが生まれ、地域に根を張り活動を続けてきました。

3 社会教育行政あれこれ

1 社会教育と社会教育行政

社会教育法の第二条では、「社会教育とは、学校教育法に基づき、学校の教育課程として行われる教育活動を除き、主として青少年及び成人に対して行われる組織的な教育活動（体育及びレクリエーションの活動を含む。）をいう」と定義し、国及び地方公共団体の任務は、同法第三条の第一項で「……すべての国民があらゆる機会、あらゆる場所を利用して、自ら実際生活に即する文化的教養を高め得るような環境を醸成するように努めなければならない」とされています。

言い換えると、「社会教育」は学校以外で意図的組織的に行なわれる教育活動であり、「社会教育行政」は国民の自己学習のための環境醸成を行政目標として行なわれる公教育ということになります。

しかし、学校教育のようなフォーマルなものだけでなく教育的活動や地域活動などを含め、これらを社会教育の活動としてとらえ、全国各地の市町村では行政サービスのひとつに位置づけ、その推進に取り組んでいます。浦河町ではべてるが行なう教育的活動、地域活動を社会教育活動と認識し、教育委員会がこれらに係わっています。

2 社会教育行政の特色

社会教育行政の特色としては、（1）市町村主義（地域の実情を反映した事務事業を展開）、（2）非権力的助長行政（強制や許認可などが少なく住民の自主的学習支援のための指導・助言や環境醸成・整備が中心）ということがいわれます。

学校教育・学校教育行政は、カリキュラムや施設整備などの基準が細かく法規で定められ、きわめて体系的、計画的、画一的に進められますが、社会教育行政は地域がもつ個性を反映したソフト事業や施設整備などの施策が行なわれ、市町村によってその内容や方法にかなりの相違がみられます。例えば、浦河では町が乗馬施設を設置しスポーツ振興のひとつに位置づけ、管理運営を行なっています。市町村が乗馬施設をもつケースは少なく、馬の町ならではの活動といえます。また、べてると一緒にイベント的事業や講座に取り組むことがありますが、これも浦河ならではといえます。

社会教育の本質は、住民が自主的に学習に取り組むことにあり、行政が直接係わらない社会教育活動も数多く存在し、社会教育関係団体・サークルや民間社会教育事業者、産業団体などによって独自にさまざまな研修や学習活動が行なわれています。

特に地方の大都市や中核都市では、カルチャーセンターやスポーツクラブなどの民間社会教育事業者が、直接住民に多様な学習機会を提供し多くの参加者を集め、地域の生涯学習の一翼を担っています。

しかし、浦河のような小さな町では経営が成り立たず、行政が学習のための施設整備や学習機会の提供など、多くのことを担うことになります。

行政全般についていえることですが、小さな町ほど当然人口が少なく職員もその町の住民であり、住民一人一人を把握しやすく、face to face の行政サービスが行なわれます。そして、住民の学習活動を支援する社会教育行政はよりその傾向が強く、住民と直接・間接に係わることが多くなります。べてるでは、自分たちの学習活動や地域に発信する教育的・地域づくり的イベント、講座などを行なっていますが、社会教育行政担当者にとっては、福祉関係団体というよりも「学習集団」としてのべてるの存在が無視できないものとなっています。

3 学校教育を応援する社会教育——学校支援地域本部事業

学校教育と社会教育、それぞれ別々のフィールドで行なわれるものですが、どちらかが主であったり、相互に係わりながら活動が行なわれます。

学校の授業で地域の人たちが指導することがありますが、これは授業ですから学校教育の活動です。学校教育では児童生徒の学びを高めるための地域の人材活用と考えますが、社会教育では人々の学びの成果を活かすための機会ととらえます。このように学校教育と社会教育が同時にメリットを実感しながら行なわれる活動もあり、これらを社会教育関係者は「学社連携」や「学社融合」などと表現し、以前から学校教育に社会教育の人材やプログラムなどの活用を呼びかけてきました。

どちらかというと、学校教育は学校だけで完結させようという傾向が強く、それなりにできていたのですが、「総合的な学習の時間」が二〇〇二年度から小中学校、二〇〇三年度からは高校でも完全実施され、地域の人材や資源を使った教科の横断的な授業が行なわれるようになり、学校で社会教育の学びの成果が活用される機会が多くなりました。

最近では、教育基本法（二〇〇六年一二月）や社会教育法（二〇〇八年六月）の改正により、学校教育と社会教育の連携が強調され、二〇〇八年から文部科学省の号令により全国一斉に「学校支援地域本部事業」がスタートするなど、法的制度的にも学校教育への支援が社会教育の大きな役割となっています。

この学校支援地域本部事業は、もちろん浦河町でも行なっています。これは地域ぐるみで学校運営を支援する体制を整備するための組織で、学校（小中学校）を支援するために、学校が必要とする活動について、地域の人たちをボランティア（学校支援ボランティア）として派遣するというものです。

浦河町では社会教育課が学校支援地域本部の事務局となり、五二個人、一九団体（二〇一〇年現在）が学校支援ボランティアに登録し、外部講師、下校時のスクールバス待機児童の安全確保や通学路での声かけなどの活動に取り組んでいます。

4 浦河町の社会教育行政

1 生涯学習推進中期計画

当町の社会教育行政は教育委員会事務局社会教育課が担当し、資格が必要な社会教育主事、司書、学芸員をはじめ関係職員を配置し、総合文化会館（公民館類似施設）、体育館、図書館、美術館、勤労青少年ホームなどの施設、さらには馬の町にふさわしい「乗馬公園」を設置し、さまざまな町民の学習活動を支援し推進するための体制整備を行なっています。

これまでに第一期（一九八五〜一九八七年度）から、第五期（二〇〇六〜二〇一〇年度）まで「生涯学習推進中期計画」を策定しており、第五期中期計画では、「基本構想」（基本理念、基本姿勢、教育目標、学校教育目標、社会教育目標）をベースに学校教育と社会教育の領域ごとに基本計画、実施計画を示しています。

●基本理念「心豊かに学び、浦河の未来をきり拓く人を育む――子どもを架け橋としたまちづくりを通して」

●基本姿勢「豊かな心とたくましく生きる力をもつ人を育むとともに、うるおいのある学びの環境をつくる」

●社会教育目標

（1）学びを楽しみ、学びを生活に生かす人を育む

（2）ふれあいを深め、ふるさとの自然や文化を愛する人を育む

（3）ともに支え合い、自ら地域づくりに参画する人を育む

（4）スポーツに親しみ、健康な生活をする人を育む

この社会教育目標が、「人々の自主的な学習活動の支援」を基本に据え、「学習成果の活用」「体験活動」「共生」「地域づくり」「協働」「健康」をキーワードにした浦河町の社会教育行政の特徴を示すものです。

また、浦河町は一九九八年三月に北海道内で四番目となる「生涯学習の町宣言」を議決し、生涯学習を町政推進の柱のひとつに位置づけています。これは生涯にわたる学習活動を通して、町民一人一人が健やかで生きがいをもち、活力と個性豊かなふるさとを創造する決意を町内外に表明した

ものて、浦河は生涯学習、社会教育に力を入れている町であることを示しています。

▼生涯学習の町宣言

私たちは、誰もが健康で生きがいを持ち、幸せな人生を送るために生涯にわたって学びつづけ、心豊かでうるおいのある「ふるさとづくり」をめざして、

一　学ぶことの大切さを自覚し一人一人が自ら進んで学習に励みます

二　共に学び合い心が通い合う地域社会の創造に努めます

三　地球や自然豊かな故郷《こきょう》を愛し誇れる環境のふるさとをつくります

ここに〝丘と海のまきば〟浦河町を「生涯学習の町」とすることを宣言します。

2　浦河町の社会教育行政の具体的な中身

浦河町の社会教育行政は、表のような事務事業を行なっています。

表　浦河町の社会教育行政の事務事業

生涯学習推進体制	社会教育委員活動、道民カレッジうらかわカレッジ、生涯学習フェスティバル、学習指導ボランティア、生涯学習ニュース、生涯学習だより、文化スポーツ奨励賞、学校支援地域本部事業
青少年健全育成	青少年問題協議会、放課後児童対策（児童館）、補導委員活動、子ども 110 番の家、地域で子どもを育てる町民大会、小中高生徒指導連絡協議会
家庭教育	幼児教育講座、家庭教育学級、家庭教育フォーラム、家庭教育推進運動、子育てサークル支援、託児サークル支援、PTA 活動支援
青少年教育	子ども文化スポーツ講座、ようこそ先輩、ボランティアセミナー、子ども会育成、勤労青少年ホーム事業、成人式、勤労青少年ホーム管理
成人教育	浦河高校開放講座、成人大学講座、地域づくり講座（21 世紀うらかわ塾、まちづくりシンポジウム）、生涯学習まちづくり出前講座、パソコン教室、自治会女性教養講座、国際理解フォーラム、コミュニティ推進事業、国際交流推進
高齢者教育	高齢者教室九十九大学、九十九大学院、高齢者指導者研修会、老人クラブ出前講座、老人クラブ活動支援
文化振興	文化協会・文化団体活動支援、芸術鑑賞事業、ウィークエンドライブ、週末アートギャラリー、総合文化会館（公民館類似施設）管理、美術館管理
体育振興	各種スポーツ教室、スポーツ大会の開催、体育協会、スポーツ少年活動の支援、高齢者向け軽スポーツ 各種スポーツ施設の管理（山小屋、グラウンド、プール、スケートリンク、パークゴルフ場、キャンプ場）
乗馬普及	各種乗馬教室、障害者乗馬、乗馬サークル支援、乗馬公園管理
図書館活動	音読教室、読み聞かせサークル・布の絵本制作サークル活動支援、図書館管理
博物館活動	アイヌ文化伝承・普及、地域学講座（動植物観察会、アイヌ文化）、企画展、文化財少年団育成、関係団体育成、博物館・馬事資料館（馬の博物館）管理

5 べてると浦河の社会教育行政の係わり

1 係わりのパターン

べてると当町社会教育行政との学習活動の係わり方は、次の四つのパターンに分けられます。

●参加者――教育委員会が主催する講座・講演会などの学習機会への参加や図書館、体育館などの社会教育施設を利用するパターン

●協力者――教育委員会が主催する事業への講師紹介、講師や運営者として協力するパターン

●主催者――べてるが主催する事業に教育委員会が後援などの形を取り、会場提供、広報活動、運営などに協力するパターン

●協働者――べてると教育委員会どちらかが主というのではなく、一緒に主催したり、ほかの行政機関や団体などが主催する事業に同じ立場で係わるパターン

①参加者

教育委員会の行なう行政サービスに、べてるのメンバーが、お客様として参加したり利用したりする場合です。地域づくり講座や成人大学講座などで町民と一緒に学習をしたり、文化会館のホールでコンサートや講演会で席をともにします。

浦河ではこれまでに町民ミュージカルを五作品手がけ、多くの町民がキャストなどさまざまな役割を担い参画してきましたが、べてるのメンバーやスタッフも参加しています。

また、彼らは町内にある各種社会教育施設を利用し、なかでも自由に出入りでき本に親しめる図書館は憩いの場として過ごす時間も多いところです。そのほか、体育館で汗を流してリフレッシュしたり、会議や行事で会館の部屋を使うこともあります。

②協力者

べてるには日本中から多くの見学者が訪れます。外国からも来ます。そのなかには医療・福祉はもちろんですが、さまざまな分野の研究者や著名人も含まれます。そうした折に、べてるから「今度、○○さんが来ます」と情報が入り、こちらも「それはすごい!! せっかくの機会だから……」

ということで、教育委員会が直接依頼するのはむずかしい（経費的にも）人材を講師に迎え、町民向けの講座を企画することもしばしばあります。

「おひとりさま」で有名な社会学者の上野千鶴子さんや、文化人類学者の山口昌男さんも登場しました。あるときは、「べてるまつり」出演のためにハワイの先住民の方々が来町するというので教育委員会主催の国際理解の行事を企画したり、PTA向けの家庭教育の講座でべてるのメンバーが講師となり体験を述べてもらったこともあります。町ではべてるのスタッフやメンバーを社会教育委員などの条例で定めた委員にも委嘱しています。

また、形の上では「参加者」ですが、教育委員会の主催する講座や行事の参加者数が期待したほど見込めない場合、べてるに参加協力を依頼することがしばしばあります。べてるの行事と重なっていなければ、まとまって参加してもらえるので主催者としても助かります。困ったときのべてる頼みです。

③主催者

これは、べてるやべてるが主体となった実行委員会などが主催する事業に教育委員会が係わるパターンです。べてる中心の実行委員会による「ふるさときゃらばん」や、わらび座などの劇団の公演に取り組みましたが、これを教育委員会が後援し、補助金申請、会場提供、運営に協力し深く係わりました。

毎年全国から多くの人たちが集まる「べてるまつり」は、町や教育委員会が後援し運営協力し、当日は町長が来賓挨拶をします。このまつりにあわせ、数年前から開催されている事者研究全国集会の浦河版といった「浦河楽会」も開かれます。べてるのメンバーばかりでなく町民の発表もあり、講評を町長が行ないます。

二〇〇六年九月に開催された「第九回全国精神障害者団体連合会全国大会・浦河大会」は、べてるが中心となって実行委員会が組織され、町や教育委員会など関係機関団体が実行委員となって総がかりで取り組み、全国から千人ほどの参加者が集まり成功裏に終了しました。

また、二〇一〇年一〇月に「日本精神障害者リハビリテーション学会」の研究大会が浦河で開催されましたが、そのための浦河大会実行委員会がべてるを中心に同年三月に組織され、準備に取り組みました。この実行委員会には町や教育委員会の職員も名を連ね、それぞれに役割を担っています。

④協働者

「当事者研究全国集会」は、当初べてる（実行委員会）のみで主催し教育委員会が後援していましたが、二回目からは「町民が精神障害や当事者を理解するための優れた学習機会」として、教育委員会から共同主催を申し入れ、町民の参加費を無料にしてもらう代わりに、会場提供や町民へのPR、運営を一緒に行ない、集会当日に教育長が主催者挨拶をしています。

二〇〇四年度から三年間、国立障害者リハビリテーションセンター研究所（以下、国リハ）が、浦河町をモデル地域に「障害者の安全で快適な生活支援技術開発」という障害者の防災に係わる実証研究を行ないました。べてるや町民を対象にした防災についての学習会や避難訓練などを行ない、べてるも教育委員会もこの研究事業に協力してきました。研究期間終了後も、浦河は海に面し地震が多いことから、国リハとのつながりをもち、べてるも教育委員会も「防災」をテーマに一緒に学習会や訓練などを続けています（本書第1部第6章参照）。

また、あるときは保健所（北海道）の思春期相談事業のピアカウンセリングセミナーにべてるのメンバーやスタッフが指導者として参加し、教育委員会も事業の運営に協力したこともありました。

2　そのほかの係わりのパターン

社会教育行政とべてるとの係わり以外の教育的活動への係わりとしては、これらのパターンのほかに、小中学校の総合的な学習の時間や高校の保健講話でメンバーが児童生徒を前に講演したり、手話や合唱、英会話などの町内のサークルに会員として町民と一緒に活動することもあります。べてるのメンバーのために特別に用意されているわけではありませんが、浦河には精神に障害のある人が障害のない人とともに学ぶ場があります。

6 べてるの学び

1 べてる式学習方法「当事者研究」

べてるでは、「三度の飯よりミーティング」というように、いろいろな場面で話し合い（ミーティング）やＳＳＴ（Social Skills Training／生活技能訓練）とよばれる社会生活技能訓練が日常的に行なわれ、コミュニケーション能力や自己表現力をつける場がたくさん用意されています。

二〇〇一年からは、べてるの新たな学びである「当事者研究」が行なわれるようになりました。これは、精神障害と向き合いながら、自らが抱える病気などの生きづらさに「研究」という視点でアプローチし、理解を深め対処法を編み出し、実生活のなかで活かしていこうというもので、今ではこの「べてる式」の学習方法が全国に広がっています。

二〇〇二年にべてるが出版した『べてるの家の「非」援助論』では、これらのべてるの学びが具体的に描かれ、この本のタイトルである「「非」援助」という考えと行動が、べてるの空間のなかで貫かれていることがわかります。

2　べてるの学びは「ローカルな知」？

べてるの学びは、社会教育研究者にも注目され、日本社会教育学会の「グローバル時代における〈ローカルな知〉の可能性——もうひとつの生涯学習を求めて」という研究のなかで、べてるの学びが「ローカルな知」のひとつの事例として取り上げられています。

「ローカルな知」とは、あまり聞き慣れない言葉ですが、「科学の知」に対抗するものとして、時間的空間的に限定され、人々の生きる状況に依存してのみ意味をもちうる知とされています。これに対し、科学の知は客観性と普遍妥当性などをもち、その代表格が制度化された学校教育の学びです。

京都大学の前平泰志教授は、べてるの学びのプロセスは、「〈非〉援助とは援助しないことでもないし、教えないことがないわけでもない。曖昧なものを曖昧なまま受け入れていこうとする姿勢が〈非〉援助なのであり、他者が教える代わりに当事者自身が自らに診断を下す自己教育の過程は、まさにローカルな知を創りあげる過程であろう」（前平 2008）と分析しています。

このように、べてるには当事者が主体となった特色ある豊かな共同学習の機会がたくさんありますが、べてるという空間以外にも、先に述べたような社会教育行政やさまざまな団体などとの連携による地域全体をフィールドにした、精神障害を超克・超越したさまざまな学習活動に取り組める機会があります。

また、「空飛ぶべてる」といわれるほど、全国各地から講演依頼があり、浦河以外に出かけることも多く、二〇〇八年八月に札幌で開催された第四八回社会教育研究全国集会でも「障害者の生涯にわたる学習保障」の分科会で、メンバーがＳＳＴや当事者研究との出会いについて発表しています。

7 おわりに

べてるに行けば何とかなる、まずは浦河へ行こう、浦河で暮らそうと、藁にもすがる思いで全国から当事者や関係者が訪れます。

しかし、すべての当事者や家族の希望には、いくらべてるでも応えられません。直接べてるの関係施設に収まりきれない、べてるとも関係が持てない当事者も多く浦河に暮らしています。なかには家族ごと浦河に越してくる方もいます。役場では移住促進に力をいれ、私も担当していましたが、よく聞くと身内に当事者がいて移住するケースもあります。移住はいろいろな意味で大きな負担が伴います。

役場は町民の生活に係わるさまざまな行政サービスを提供しており、どちらかというと、社会教育行政とべてるの関係はフレンドリーですが、福祉、医療、住宅などに係わる部門ではシビアな関係にあるのも事実です。

そうはいってもこの町には、当事者が地域に出て生き生きと活動し、町民と挨拶を交わすことのできる環境があります。浦河だけが精神障害者の聖地ではなく、当事者やその家族が今暮らしているところや身近な地域で、べてるや浦河の町と同じような環境を創り出すことが必要です。

砂糖は水にかなり溶けますが、それでも限界があります。浦河という限りある水に、どれだけの当事者がべてるのメンバーとして、そして町民として心地よく溶け込んでいけるか、そんな心配もあります。

何よりも、全国に「べてる式」が広がり、身近な地域で当事者が周りの人たちと非援助的に暮らすことができればと願っています。

▼文献

浅野浩嗣 2006「精神に障害のある人が地域で暮らすために――浦河べてるの家とともに」『月刊社会教育』(二〇〇六年九月号)

浦河町教育委員会 2006「第五期浦河町生涯学習推進中期計画」

浦河べてるの家 2002『べてるの家の「非」援助論――そのままでいいと思えるための25章』医学書院

NPO法人セルフサポートセンター浦河 2010『ようこそ!! 当事者研究へ―今日からあなたも自分の専門家』

小林繁 2010「精神障害者の社会参加と自立を支援する学習文化支援の課題――「べてるの家」の取り組みを通して」『明治大学人文科学研究所叢書 障害をもつ人の学習権保障とノーマライゼーションの課題』れんが書房新社

関正喜 2010「障害ある人たちの「当事者研究」――全国に広がる「べてる式」」『北海道新聞』(二〇一〇年四月一七日夕刊)

中俣保志 2006「グローバル時代における〈ローカルな知〉の可能性――もうひとつの生涯学習を求めて／報告Ⅲ・教えないことから学ぶこと――浦河べてるの家の〈非〉援助論」『日本社会教育学会紀要』42;139-141

中俣保志 2008「教えないことから学ぶ「べてるの家」の〈非〉援助論」日本社会教育学会＝編『〈ローカルな知〉の可能性――もうひとつの生涯学習を求めて』(日本の社会教育・第52集)東洋館出版社

前平泰志 2006「グローバル時代における〈ローカルな知〉の可能性――もうひとつの生涯学習を求めて／報告Ⅰ・身体とローカルな知を結ぶもの」『日本社会教育学会紀要』42;135-136

前平泰志 2008「〈ローカルな知〉の可能性」日本社会教育学会＝編『〈ローカルな知〉の可能性――もうひとつの生涯学習を求めて』(日本の社会教育・第52集)東洋館出版社

第5章

浦河赤十字病院医療相談室での実践を通して

高田大志

1 はじめに

「子どものことで電話しました。新聞で記事を見て、うちの子どもも是非べてるに入れたいと思いまして……どうやったらべてるに入れてもらえるのでしょうか?」

精神科に通院しながら地域で暮らす当事者への訪問看護を行なっている看護師の申し送りを聞く、医療相談室の一日の業務が始まって間もなく、一本の相談の電話が入りました。電話相談に耳を傾けているうちに、申し送りを終え現場に向かう看護師やソーシャルワーカーたちの後姿を見る日も少なくはないように感じます。精神障害を抱える当事者を支える家族、特に医療や福祉制度など支援に繋がることが困難な当事者を抱える家族にとっては、新聞や書籍やマスコミなどに紹介される社会福祉法人浦河べてるの家（以下、べてる）のメンバーたちの姿はまさしく希望の光となり、彼らが暮らす過疎化の進む浦河町という小さな町が、まるで憧れのような場所に映ってくるのではないかと思われます。

上述したような「べてるを利用したい。どうすればグループホームに入れてもらえるのか」といった相談を受けていると、ご家族や周囲の人のほうが熱心に勉強しており、当事者本人の意向や気持ちが見えない構造を感じることがあります。浦河では一貫した「当事者活動、当事者主体」という考え方が、現在のさまざまなべてるの活動を支えてきました。しかしながら、熱心に相談されるあまり、こういったべてるの理念や伝統に共感しているはずが、いつの間にか「当事者不在」という相反する状態が生み出されてしまうということが起きます。浦河の当事者活動のなかで伝統的に大切にされてきた「当事者主体」、それを基本とした医療相談の実践を本章では紹介したいと思います。

2　家族支援

二〇代の娘をもつAさんからはじめて電話がかかってきた日も、申し送りが始まって間もない早い時間でした。「S市から電話しています。娘は今入院中ですが、退院するように言われました。転院できる病院を探しています。どうか入院させてもらえないでしょうか」。ご家族の困りきった様子が電話越しからひしひしと伝わってきます。Aさんの娘さんは、一〇代の頃から食べ吐きが止まらなくなり、やがてリストカットなど自傷行為を繰り返すようになり、自殺未遂、家庭内での暴力により入退院を繰り返していました。「病院で金銭のトラブルを起こし強制退院となってしまいました。どうすればいいかわかりません」。その声から、これまでの娘の繰り返しの行動への対応に疲れ果てていることがわかり、また家庭内での暴言暴力や食べ物や金銭的な要求を回避するためにも、受け入れてもらえる病院を探さざるをえず、以前から知っていた浦河への転院を考えたということもわかりました。転院については、時間的制限や距離を考えても現実的ではないため、S市の相談機関を紹介し、改めて浦河については相談することとしました。

数カ月後、Aさんは娘さんと一緒に相談に来られました。「浦河のことは親から聞いて、本も読みました。転院したいです。病気との付き合いを研究して、親から自立をしていきたいです」とA

さんの娘さんは静かに口を開きました。当院への電話の後、Aさんは何とか娘さんが入院させてもらえる病院を探し当てたとのことでしたが、今後の入院先や退院先を探すこと、いわゆる条件付きで期間が限定されたうえでの入院ということでした。Aさん夫婦からは、一時的な入院を取り付けたものの、その後の受け皿を確保するためにも、何とか転院の許可を取り付けたいという思いが感じられました。また、これまで繰り返されていたさまざまな問題と現在の困難な状況を打開することができるのではないかという期待も感じられました。

Aさん夫婦にとっても、娘さんがべてるとかかわりをもつということは、これまで地元で繰り返されてきた苦悩や混乱を打開できる大きなチャンスとなります。しかしながら、その強い願いが一方では、自分自身と向き合い、悩み考える本人の役割が家族の「心配」へと変わり、同一化していく状態を生み出し、「本人不在」を作り上げてしまいます。Aさん家族への支援としてはまずAさんと娘さんへの支援を分け、Aさん自身が娘さんの言動や不安に基づく行動パターンを手放し、自分自身の感情や認知を軸とした行動ができるようになることを当面の目標とし、家族会活動への参加と医療相談室での定期的な振り返りを行なうことにしました。同時に娘さんには浦河の当事者活動やデイケアなどで行なわれるプログラムを見学し、当事者が実践している自分自身との付き合い方を語り合うミーティングに参加し、体験的な学びをしてもらうことを当面の方向性として決めました。

1　家族支援事業の展開

浦河の家族会活動の歴史は古く、日高地方の東部（近隣の町）を活動エリアとして、おおよそ三〇年前より存在します。しかし当事者本人や家族自身の高齢化やエリアが広域であるため会そのものを開催することが困難であることなど、さまざまな事情によりその活動は低迷していました。反面、浦河を求めて全国から長期的に滞在する家族や移住を決意した家族が増加したのがきっかけとなり、およそ十年前より新たな家族活動を行なってきました。活動当初は、家族が集まり自分自身の考えや感情を語り合い、共有し合うことで解消する側面や、浦河もしくは北海道というはじめて暮らす町で大切な仲間やつながりを作る場としての機能が主でした。現在では、べてるが実施主体となり、精神障害者家族支援事業として、心理教育やＳＳＴなどを用いた学習の場として、筆者もその実施の一部を担っています。子どもの状態を報告し合う会とするのではなく、自分自身の人生や子どもとの歩みを通して見えてくる自分自身を徹底して認識する場所として事業を展開しています。特にＡさんの場合、娘さんの依存的言動に巻き込まれる傾向が強く、行動が選択できない状況が強かったため、入院中の娘さんとの面接場面や日常生活での何気ない言葉かけなど、幅広くＳＳＴを活用し行動を変化させていきました。入院中の面会や電話対応の方法など、その時々で必要なコミュニケーションを重ねていきました。

2 個別支援

一方、Aさんとの個別面接では、娘さんとの生活のなかでのエピソードやこれまでの出来事と行動を振り返り、そのときの感情や考え方を確認していきました。適切な対処や認知の再構成というよりは、主に自分自身に起きていることを確認し言語化することを支援します。また、Aさんの場合「親としての責任」や「べき思考」から少しずつ自分自身を変化させることを目標に振り返りを行なっていきました。娘さんの回復や症状安定を第一とした、娘さんの顔色を窺いながら行なうコミュニケーションや行動を少しずつ変化させ、娘さん自身が自分の課題を引き受けることができるようにするプロセスを応援できる限定的立場となれるように話し合っていきました。

3 暮らし方を換える

家族自身の社会活動のなかから、子ども（家族）以外のつながりや居場所・役割が与えられることは、自分自身の感情や思考パターンを確認する「練習の場」となります。このような目的でべてるの活動に参加している家族も多く、なかには長期にわたり子どもが引きこもり状態にあるという家族の方もいます。家族の方たちにとって当事者たちの活動の場に身を置くことがまさに、家族にとってもコミュニケーションの練習の場となり、精神障害を経験した当事者たちの存在が、家族が自分自身の感情や考えを取り戻していくプロセスに大きく貢献し、回復していくことを意味しています。

Aさんはこれまで、娘に対して良い治療を受けさせたいと願い、回復を目指しさまざまな医療機関へ足を運んできました。その結果、専門家＝医療機関とつながりが濃くなればなるほど、患者である娘の親としてのAさんが強調されてしまいます。Aさんの場合も、現在の悩みや不安から脱却し、関係を変える必要がありました。これまでのAさんではおそらく、娘さんの精神状態が安定していない状態で自分のための活動に挑戦してみるとはならなかったと思います。しかしながら、Aさんにはボランティア活動という形でのべてるの作業への参加と子育てボランティアを紹介してみました。その結果、Aさんの一日のライフスタイルは大きく変わり、昼間は外出している日が多くなり、楽しそうな表情を見る日が多くなっていきました。

4　家族それぞれが自分自身のために

Aさんの支援を中心に、これまで浦河における家族支援の大まかな概要を説明してきました。もちろん当事者であるAさんへの支援も大切にすることは言うまでもありませんが、このような家族にとって当事者の姿が見えないまま不安や困りごとが大きくなっているとき、子どもへのまなざしを自分自身へ少し切り替えてみると、さまざまな自分に出会うことができるのです。専門家が家族との面接やカウンセリングで、一方的に考え方を修正するのではなく、当事者のグループ活動やミーティングを体験することにより気付くことができるようメンバーの活動への参加を促します。あるボランティアをしていた家族は、べてるのメンバーに「母さん、そんな心配ばっかりしてると病気になるぞ」と言われ、はっとしたそうです。Aさんも自分自身の感情や思考を言語化し、子ども（家族）との具体的なコミュニケーションを練習し、パターン化された関係を少しずつ変化していくうちに、その取り組みが自然と娘さんに伝わり、自分自身の課題に向き合うプロセスへと変化をもたらし、家族全員がそれぞれの社会生活や人生の選択を主体的に行なえるようになりつつあります。

3 「相談」ができる人を目指して

二人の小さな子どもと妻をもつBさんは、ストレスや緊張感が高まると身体が固まり、記憶が途切れてしまうなどの解離症状で二〇代前半から治療を受けています。幼いときから過酷な家庭環境で育ち、高校卒業を機に本州で仕事を見つけ家を出ることができました。兄弟や周囲の人から比較され叱られる経験や、経済的な事情により、欲しいものがあっても我慢を重ねてきた経験が人一倍仕事への熱意をかき立て、上司や仲間の評価を受け、得たお金で周囲の人と同等以上のものを買い揃えることが、自分自身を支える手段でした。しかしながら、そういった生活は発病により長くは続きませんでした。その後は入退院を繰り返し、浦河に戻ってから生活保護を受けながら治療を続けて病状が安定すると、再び仕事に打ち込み浪費を繰り返すようになりました。妻もまた、過酷な家庭環境で生まれ施設暮らしが長く、根底には多くの生きづらさを抱えていました。結婚後も二人で力を合わせて暮らしてはみるものの、生活に行き詰まり、浪費は続いていきました。結果として、多額の滞納金を抱え、自己破産せざるをえなくなり、生活保護を受給しながら浦河での暮らしがはじまりました。Bさん家族も地域のサポートを受けながら家族で暮らすことを願い、金銭管理の問題つまり権利擁護事業の利用を含めた援助の必要性を認識し、積極的に支援を受けることを希望されました。しかしながら、Bさん夫婦への支援としてすぐに事業の利用を勧めていくのではなく、医療相談室で相談を継続する形を取りました。

1 当事者研究という方法

精神症状が安定し、仕事をこなせる状態となり、収入を得て、生活保護を打ち切ることができるようになったという経過は、一方では社会復帰を果たした回復者の姿でもあります。しかしながらBさんにとっては、お金を手にすればするほど生活が行き詰まっていった歴史があります。そこでBさんは、デイケアに通いながら当事者研究を行ない、これまでの行き詰まりの研究を行なうことになりました。研究を進めていくと、Bさんの根底には人からの評価や比較が強く影響しており、嫌われない方法や自分自身を隠すための手段として、お金を使うことや人付き合いを欠かさないことが必要だとわかってきました。その結果、すべての物事への優先順位、例えば必要なもの（食費や支払いなど）より欲しいもの（ゲームや携帯電話）が優先してしまうというBさんのお金の使い方に「自己病名」が付いていきました。

このプログラムを活用するメリットとして、当事者が自分自身の問題や課題に対し、受身にならずに積極的に向き合っていく構造をつくれることが挙げられます。課題が支援者だけと共有されることで、当事者に反省や改善という要素が強調され、支援者には繰り返さないための予防的な見守りが促され、結果として当事者が自分自身の問題や課題に対し受身となっていきます。特に、金銭に関する問題においては、正直に言えないことが多いため、支援者と利用者の間に依存関係が生まれ、行き詰まっていきます。しかしながら、金銭の問題が自己病名という形で外在化され、共通言語として用いられることで、共に眺め考えるスタンスを取ることができます。

もう一つは、自分自身の問題や課題に対する認識、つまり病識をもつためのきっかけづくりです。向谷地（2009a）は「病識は一人では生まれない」と述べ、大切なのは「人と人と間」「仲間とのつながり」を作ることであると述べています。このような視点からも、支援者だけとのやりとりのなかからでは、支援者に促され指摘された課題になってしまい、支援者の問題意識が先行してしまう構造が生み出されてしまいます。「仲間の前で真剣に話をしたら、みんなが笑って話を聴いていた。そのとき、自分自身に起きていることはおかしいかも、病気かもしれないと思った」。当事者研究に参加したメンバーのなかにはこういった印象を述べた人もいます。Bさんもミーティングを通して、自分自身の金銭課題を認識し、家族みんなが安心して生活できるように取り組んでいます。研究という形で仲間と共に深まり育てられたものが、自分自身の課題として外在化されたとき、はじめて当事者と支援者との間で問題が共有化され、当事者が主体となった相談が始まるのではないかと思います。

2 考えること・悩む力を身に付ける

デイケアでのミーティングに参加したり当事者研究を実践しても、すぐに問題や課題がなくなることはありません。長年にわたり自分自身を支え、ようやく乗り越えてきたはずの考え方や行動は、些細なきっかけで再び過去へと舞い戻り、行動化をもたらします。Bさんの場合も、デイケアに通い、医療相談室での相談を受けながらも、やはり買い物や支払いの優先順位が崩れ、生活上の困難を多く招きました。医療相談室で、細かくやりくりの予定を立てるものの、打ち合わせ通りできることは少なく、以前ほどではないですが生活上に困難を来たすということが繰り返されました。

しかしながら、こういった問題が何度繰り返されても、私たちは、本人の希望や行動に干渉せずに従うという限定的な立場を取りました。Bさん夫婦の場合は、子どもに関わる部分については支援者の意見を取り入れてもらうこともありますが、基本的には夫婦の行動は自分自身で決めることを原則にしていたからです。いったん支援を受けるというスタートを切れば、以前のような浪費への行動化はおさまるでしょう。一方で、相談をしている分、支援者にその判断をすべて委ねるようになったり、依存的な関係に発展することもあります。支援者が相談や支援という行為のもとで「考えること」の代理行為を行なってしまい、当事者の代わりに悩み、考え、決めるという「当事者不在」の仕組みができあがらないよう支援することが大切だと考えています。

4 退院支援

夕方、精神科病棟の詰め所には、病衣から私服への着替えを終えた数人の患者さんが、時間を気にしながら病棟の扉の前で看護師の戻りを待っています。やがて、着替えを終えた看護師が小走りで戻り、入院患者数人を引き連れてぞろぞろと出かけていきます。笑顔で向かう人、緊張した表情の人、幻聴がきつく少し険しい表情の人などその構成メンバーはさまざまですが、週に数回はこういった光景を目にします。彼らが向かったのは、べてるが運営するグループホームや共同住居（以下、住居）のミーティングに参加するためです。住居では週一回、入居するメンバーやスタッフが集まり、それぞれの体調・気分報告、良かった点・苦労などを共有し合い、夕食メニューに関することや掃除の当番、さらには住居内でのトラブルや体調が悪いメンバーへの応援方法などさまざまな話題を取り上げます。町内にあるすべての住居でこういったミーティングが週一回行なわれており、毎日のようにどこかの住居で開催されています。私服姿の病棟看護師と数人の入院患者が、住居で暮らすメンバーのなかに混ざって一緒に住居のミーティングや、べてるで行なわれている作業に参加する光景が見られます。べてるのメンバーのなかでは、「病気の半分は仲間のなかで治す」という考えや、幻聴や不安感など症状が強くなってきたときの「現実のつながり」を大切にする感

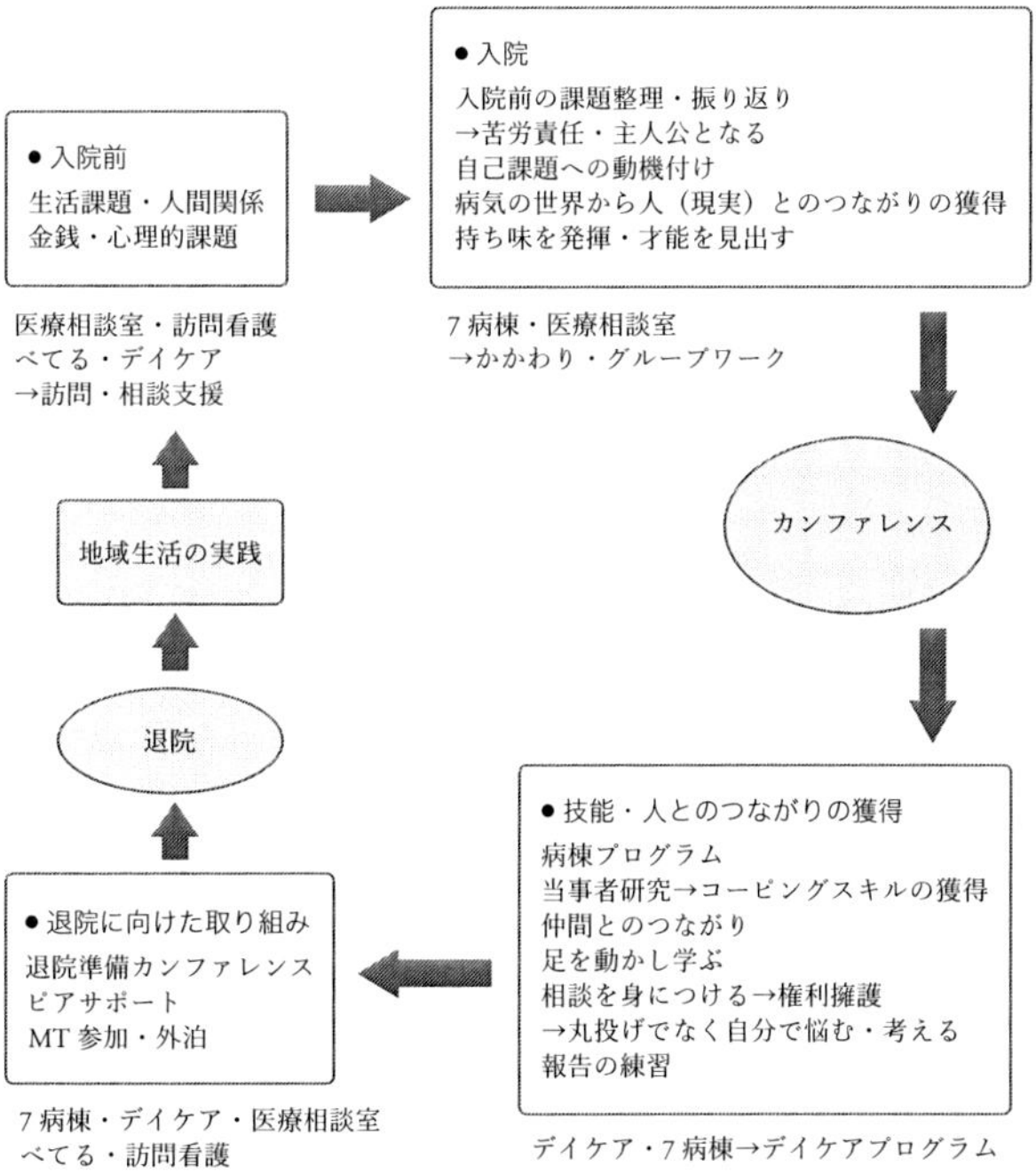

図　退院に向けた主な流れと役割

覚があります。幻覚や妄想など病的な体験など現実的な苦労や感覚を量的に超えることを大切にする考え方が、地域生活を豊かに暮らすうえでの有効な対処法となっています。しかしながら、こういった現実を実感する感覚は、長期の入院生活や病棟という構造上限られた枠のなかでは獲得することが困難であると言わざるをえません。ここでは、当院で行なっている退院支援の実践として、地域のフィールドで実践する退院支援の実際を報告します。

1 退院支援プログラムの展開

当院での入院から退院までの主な流れと役割は図の通りです。そのなかで、退院支援プログラムは、基本的に毎週木・金曜日の週二回続けて行なわれています。内容は月ごとに予定され、入院患者の構成や時期、状況に合わせてプログラムが組まれていきます。看護師・作業療法士・ソーシャルワーカーなど病院スタッフと入院経験のあるべてるのメンバーも加わり、入院患者さんたちから挙がった希望や内容などの事前の聞き取りをもとに月のプログラムを企画していきます。内容は、病院や施設などでありがちなイベントに偏らないよう、スタッフやメンバーが自由に発案できることを心がけています。誕生会やクリスマス会など季節ごとのイベント、料理教室や映画鑑賞など病棟での生活がより豊かになるような院内でのイベントも含まれており、そのイベントのための話し合いや準備などを通して、社会生活に必要なソーシャルスキルの獲得を目指しています。例えば誕生会では、前日に打ち合わせの場をもち、担当のスタッフと患者さんが集まりイベントの進行やメニューなどを決める日としています。コミュニケーション能力の向上や社会生活に必要なスキルの獲得を目指し、企画に参加する患者さんが挨拶や司会、お祝いの言葉を伝える役割が与えられ、必要に応じてSSTを行ない、一人暮らしを目指している方やお金の使い方が苦手な方が中心となって買い物に出かけます。病棟内での生活のなかでも役割を広げることや、お祝いの言葉や感謝の気持ちを伝えることを通して、肯定的なコミュニケーションの機会をつくることを意識します。ソーシャルスキルの維持や向上のため、買い物や外食など地域での活動の機会を絶やさないよう心がけています。

院外で行なわれるプログラムで人気があるのは、べてるツアーです。これまでべてるに通っていた人、これから目指す人、詳しく知りたい人、一人では行けないけど興味がある人など、参加する人の動機はさまざまです。べてるの運営する住居数箇所を回り、実際に生活してるメンバーから地域で生活していくうえでの喜びや苦労を聞いて回ります。また、なかなか退院がしたくてもできない人や入院を繰り返してしまう人が、「入院の先輩」であるべてるのメンバーから上手に退院をする方法を教えてもらったり、相談することの大切さを学びます。また、このようなグループでの行動が困難な場合にも、一対一での外出や少人数のプログラムを実施するなど、患者さんのニーズに合わせた支援プログラムを展開しているため、看護師は毎日のように地域にさまざまな患者さんと外出をしています。

2 地域に出向くということ

統合失調症を抱えるCさんは、脅すような内容の幻聴に悩まされ、狙われているという妄想が強くなり、入退院を繰り返しています。地元出身で、発病してからは実家で暮らしてきましたが、自宅のある場所が市街地から離れており、通院すること自体が大変で、同居する家族も高齢となり、さまざまな部分で実家での生活が困難な状況となっていました。また、それ以上にCさん自身に繰り返される自分自身の入退院と親への負担から卒業したいという願いがあり、これまで長年生活をした実家を離れ、仲間やべてるのサポートを受けながら生活することを決断し、グループホームでの生活を目指すこととなりました。しかしながら、現在はグループホームには空いているところがありませんでした。当面は、勉強や慣れることを目的としたミーティングへの参加と日中活動の練習としてピアサポーターの支援を受けながら、病棟からべてるに通うことが目標となりました。べてるの作業への参加に当たり、出張カンファレンスを行なうために看護師とソーシャルワーカーとともにべてるに出向き、幻聴に悩まされてきた苦労の歴史やこれからの目標をメンバーの前で話しました。Cさんにとって、はじめて仲間と繋がるための入院が始まりました。

当事者研究では、幻覚や妄想を抱える当事者の引きこもりや関わりを拒否する状態は、症状から回避するための対処法のひとつであると捉えます。これまでのCさんの生活も、日中のほとんどを家のなかで過ごし、家族以外との会話は筆者の訪問と外来での主治医との診察だけであり、自閉的な生活を送っていました。人が多くいる場所からの距離を保つことや関わりを絶つことは、幻聴や妄想の圧力から身を守るひとつの対処方法と言えます。「グループホームに入居すること」「べてるに通うこと」が意味するのは、これまでの長年の間自分自身を支えてきた対処方法から、「仲間のなかで治すこと」や「現実のつながりを求める」という、相反する対処への挑戦を意味しています。退院支援とは、単なる援助の方法やプロセスを表わしているのではなく、当事者が新たな挑戦や道のりを選択し、新たな苦労に向き合う大切な場面です。私たち支援者はその場一つひとつに立ち会い、時には共に出向くことが、支援者のスタンスとして必要ではないかと思います。

5 おわりに

「こっちに来てから、本当に「苦労」が増えた。今までは親や周りがもっていたものを、今は自分で大切にしようとしている」

Aさんの娘さんからもらった手紙のなかの一文にはこう記されていました。精神障害をめぐっては、「当事者主体」「当事者中心」という言葉が今では当たり前のように聞かれます。Aさんの娘さんもかつてはさまざまな医療機関や相談支援機関で、治療を受け、熱心に話を聞いてもらい、「援助」を受けてきたと思います。しかしながら、浦河では援助の中心は自分ではなく親であるAさんから始まったことに不満を訴え、苛立ち、援助を受けるべき中心は自分であると何度となく相談室に来られました。

「みんな「悩みをなくすこと」に力を使うのではなく「悩み方」を教える」

Aさんの娘さんはこうも記しながら、これまで受けてきた対応の違いに戸惑いながらも、浦河で大切にされてきた当事者主体の有り様を必死に受け止めようとしています。当事者を援助の中心・受け手として扱い、「悩みをなくすこと」に力を費やしてしまうことが、一方では「当事者不在」を生み出すことを表わしているのだと思います。精神障害を抱える当事者のすべてが援助の対象ではありません。時には家族が、時には悩む時間を、時には場面などが支援の対象となり、その見極めこそが当事者主体を基本とする相談支援ではないかと思います。

▼文献

池亀直美・小林茂 2010「当事者のための権利擁護とコミュニティ支援――べてるの仲間のお金の苦労と地域支援」『臨床心理学』10-4；597-602

伊藤恵里子 2010「子育て支援と浦河管内子どもの虐待防止ネットワークの取り組みから」『臨床心理学』10-5；766-772【本書第2部第3章】
浮ヶ谷幸代 2009『ケアと共同性の人類学――北海道浦河赤十字病院精神科から地域へ』生活書院
浦河べてるの家 2002『べてるの家の「非」援助論――そのままでいいと思えるための25章』医学書院
浦河べてるの家 2005『べてるの家の「当事者研究」』医学書院
大濱伸昭 2010「地域につなげる――精神科デイケアを介した当事者のためのコミュニティ支援」『臨床心理学』10-3；443-448【本書第2部第1章】
川村敏明・向谷地生良 2008『DVD＋BOOK 退院支援、べてる式。』医学書院
向谷地生良 2006『安心して絶望できる人生』NHK出版
向谷地生良 2009a『技法以前――べてるの家のつくりかた』医学書院
向谷地生良 2009b『統合失調症を持つ人への援助論――人とのつながりを取り戻すために』金剛出版

第6章 つながりの子育て支援

浦河町教育委員会・共育相談「元気」の取り組みから

吉村明美／小林 茂(聞き手)

1 共育相談「元気」の設立と取り組み

▼小林　吉村さんが児童生徒サポート事業・共育相談「元気」の業務に関わるようになるまでの経緯についてお聞かせください。

▼吉村　私は浦河町の保育士として二〇年、五年間を子育て支援センターの主任相談員として、主に福祉分野で活動してきました。その後、教育現場にも福祉の支援が必要であるということで、現在の児童生徒相談員としての活動に関わるようになりました。浦河町教育委員会・共育相談「元気」の立ち上げ当初から関係しています。共育相談「元気」は、「一人で悩まずニコニコ二人三脚

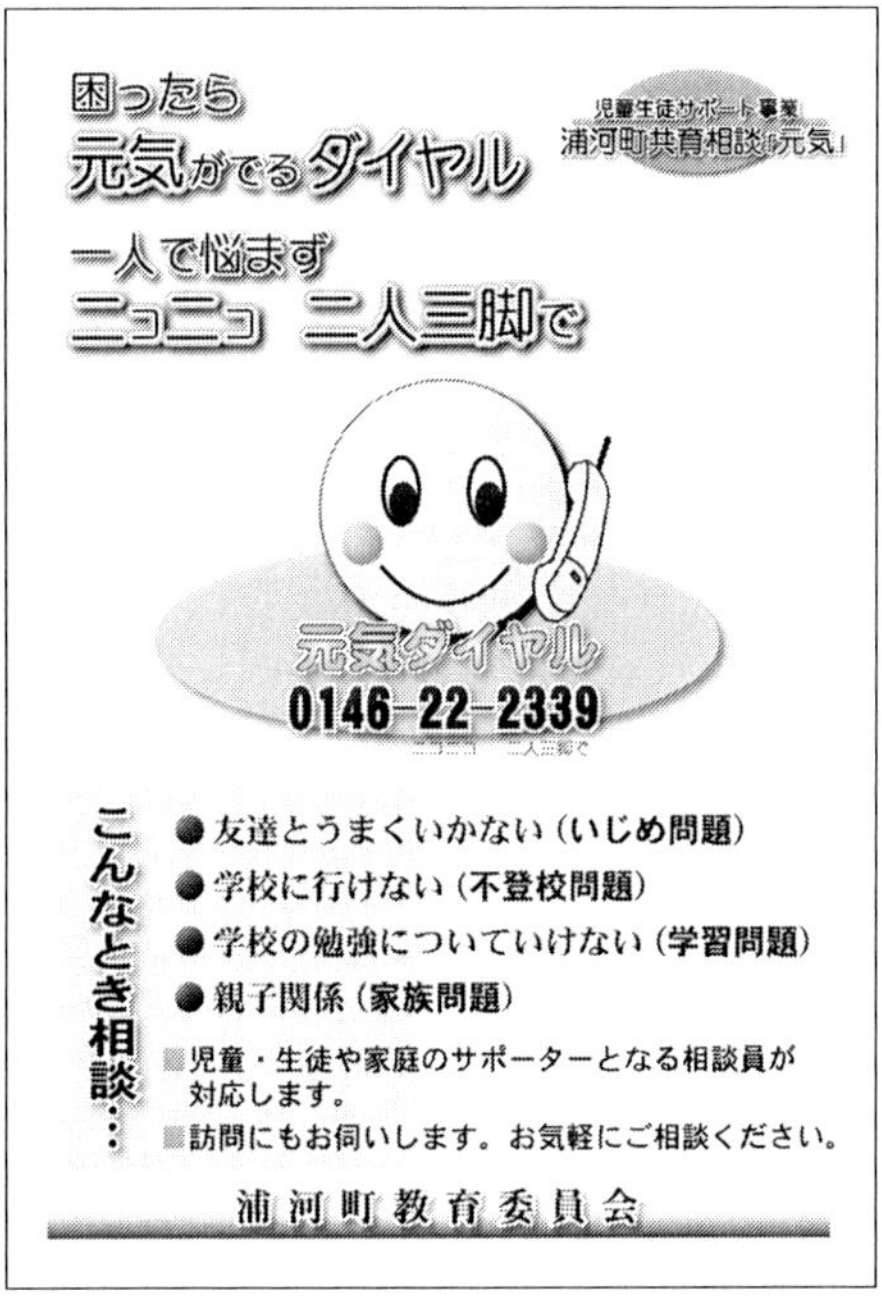

図1　共育相談「元気」

で」をキャッチフレーズに、共に考え、共に支えられて、共に元気を分かち合う支援をしています（図1）。

▼小林　共育相談「元気」が立ち上がった経緯は、どのようなものだったのでしょうか。

▼吉村　浦河町教育委員会では、全国的に取り沙汰されている「いじめ・不登校」の問題への取り組みに加え、「困っている子どもと家庭への支援」についても力を入れてきました。具体的には、子どもを取り巻くさまざまなニーズに対応する支援体制をつくり、活動を始めたこと

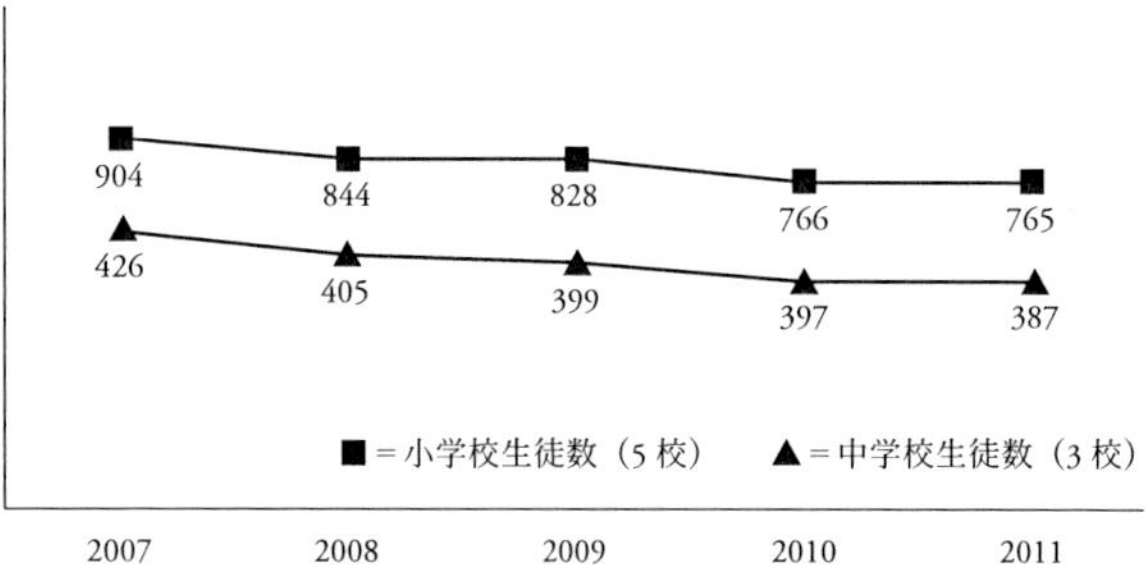

表1　浦河町の小中学校生徒数

が挙げられます。浦河町独自で「児童生徒サポート事業」を立ち上げ、平成一九（二〇〇七）年四月より共育相談「元気」をスタートさせました。これまで以上に学校や家庭に踏み込んで、継続支援を行なえるようにしました。

▼小林　現在、共育相談「元気」を、どのような子どもたちが利用していますか。浦河町の子どもたちと学校の動向もあわせて教えてください。

▼吉村　北海道にある浦河町には小学校五校、中学校三校があります。そのうち、小学校一校と中学校一校以外が複式学級または一学年一クラスという状況です（表1）。

共育相談に来る相談は、不登校やいじめに関すること、学習に関すること、児童虐待などの家庭問題と多肢にわたり、利用者も年々増えています（表2）。

受身で待つ相談ばかりではなく、継続支援などは、こちらのほうからつながりを求めに電話や訪問なども行なっています。どんな相談にも否定や指導はせず、つねに相談者である子ども

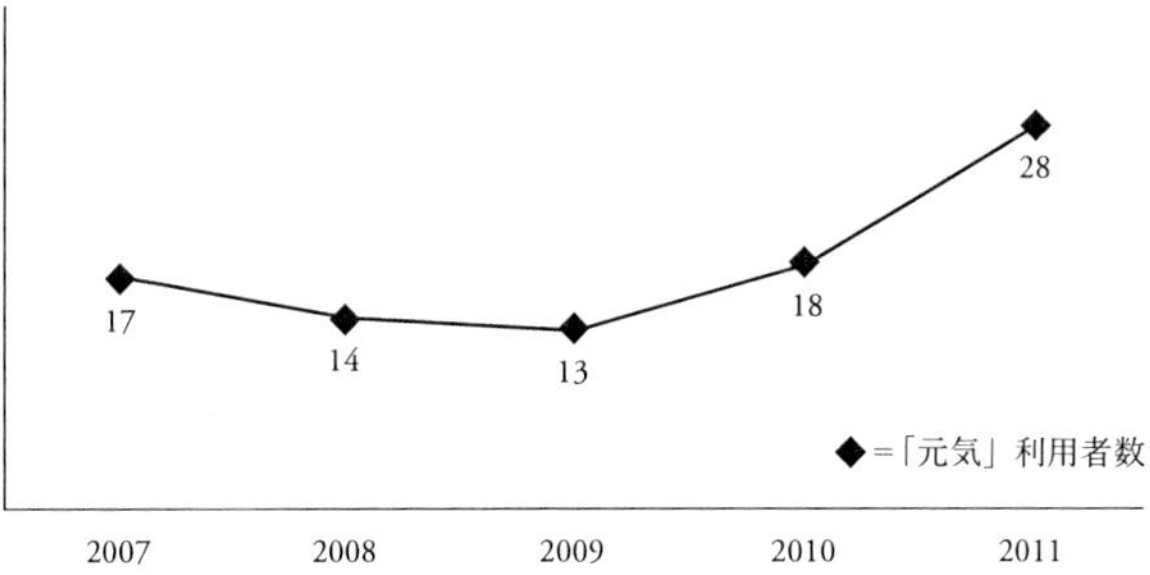

表２　共育相談「元気」利用者数

や養育者の話に耳を傾け、寄り添い、共に考え、共に支えられ、元気を分かち合う、そんな関わりを心がけてきました。

　不登校をはじめとする子どもの問題の背景を考えたとき、子どもの心が弱いからでも怠けているからでもなく、それは子どもからのＳＯＳだと考えています。その背景には、必ずといっていいほど困っている家庭があることを感じています。

▼小林　子どもの問題の背景に困っている家庭の問題があることがわかりました。すると、教育委員会の取り組み以外にも、他の支援機関などとも連携を取らなければならない問題があると思います。どのように協力してこられたのでしょうか。

▼吉村　この事業の展開では、平成一三（二〇〇一）年度に創立された浦河管内「子どもの虐待防止ネットワーク」の取り組みとの連携が重要な鍵となっています（本書第2部第3章参照）。このネットワークは、子どもとその養育者を支えるために保健・医療・福祉・教育などの関係機関が自らの役割を認識し、連携を取り、子どもの虐待防止活動を進めることを目

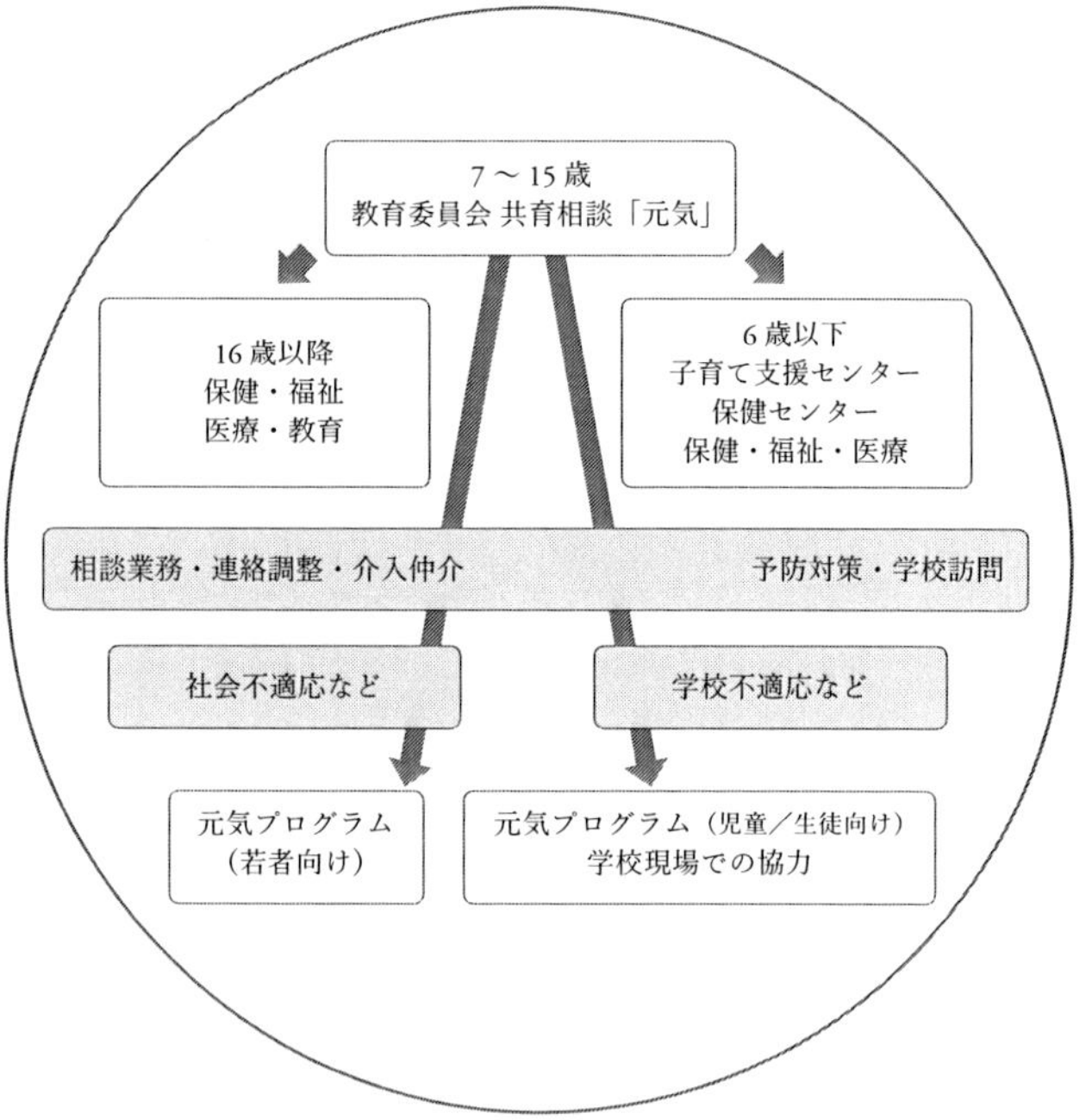

図２　コミュニティで支える

的としています。ネットワークでは、浦河赤十字病院精神神経科の川村敏明医師をはじめとする構成員が定例で月一回集まり、子どもとその養育者への支援が展開されています。私も浦河町教育委員会のスタッフとしてネットワークに関わっています。

これまで保健・医療・福祉・教育などの機関ごとに事例を抱えてそれぞれに活動していましたが、互いに手を組んで連携しながらの支援をしています（図２）。

特に学校現場では、家庭へ

のアプローチに苦慮し、なかなかうまくいかない問題がありました。子どもと養育者との間で板挟みになっていましたが、共育相談「元気」の立ち上がりにより、学校と他の機関の連携が図られ、有効に働いたと思います。関係機関、関係者の橋渡しをして〝つなぐ役割〟や、子どもと養育者と学校の間の空白を埋める穴埋めの役割ができはじめました。

また、平成二〇（二〇〇八）年度から三年間、国の補助事業で浦河町にもスクールソーシャルワーカーを配置することができました。スクールソーシャルワーカーの活動は、すでに活動していた共育相談「元気」の活動と重複するところも多くありましたが、役割分担しながら共に活動をしてきました。平成二三（二〇一一）年度からは浦河町単独で予算化し、共育相談「元気」の活動のなかに両者を統合して取り組んでいます。

2 養育者への支援プログラム

▼小林　子どもの虐待防止ネットワークやスクールソーシャルワーカーとの連携があるということでしたが、具体的な支援プログラムのようなものについてはいかがでしょうか。

▼吉村　共育相談「元気」の支援プログラムには、大きく分けて養育者向けの支援プログラムと子

ども向けの支援プログラムがあります。

子どもの心のなかのSOSを読み取り、その背景を見たとき、必ずといっていいほど困っている家庭に出会います。虐待、アルコール依存、ギャンブル依存、ドメスティック・バイオレンス、統合失調症などの精神疾患、親の引きこもりなどが散見されます。また子どもにも育てづらさ、発達の問題があります。

そこへの具体的なアプローチとして、まずは共育相談「元気」の相談からの介入になります。介入といっても決して問題視するのではなく、つながりを求めていくことにしています。次に、必要な関係機関と連携し、支援の方法や方向性、考え方やアプローチの仕方などを「子どもの虐待防止ネットワーク」と連携することによって検討していきます。ネットワークのメンバーである精神科医、医療ソーシャルワーカー、心理士など多くの経験をもったスタッフが自分たちの役割を果たしながら、お互いの専門性を引き出した関わりが生み出され、地域で子育てをしている養育者や子どもへの具体的な支援プログラムとなって展開していきます。

そのプログラムのひとつに、「応援ミーティング」があります。通常、処遇検討会議というものを、浦河では応援ミーティングと呼んでいます。応援ミーティングとは、話すことや関係を保つことを重視したプログラムです。応援ミーティングは、当事者とそれを応援する仲間や支援者が同じテーブルにつくことから始まります。そこでは、これまでの振り返りから始まり、その当事者の仲間や支援者が評価します。その際の評価の仕方は、「良かったところ」「さらに良くするところ」の二つだけです。当事者は、否定しようがない、ありのままの今を懸命に生きている状態にあります。不必要なチェックや×印の評価は、誰だってされたくないものです。そのような評価は、意欲を削ぐ行為でもあるし、支援する側も自分の支援の評価を傷つける行為であると言えます。応援ミーティングでは、「自分との付き合い」「正直であること」「仲間のなかにいること」「相談すること」などをキーワードにして意見が交わされます。

振り返りと現状の評価といった過程を経て、取り組むべき課題が共有され、活用していくプログラムを選択するため、具体的に検討する会議が応援ミーティングであると言えます。応援ミーティングは定例で行なわれ、課題に対する具体的な練習と獲得された内容、また新たな評価を得て、課題もそれに伴ってさらに明確になります。

応援ミーティングは、精神障害当事者が通う「浦河べてるの家」で行なわれている当事者研究を土台に作られたものです。当事者研究は、自分自身の抱えてきた苦労を外在化し、生い立ちや苦労が生じるメカニズム、認知や行動のパターンを振り返るという方法です。こうした当事者研究の成果が応援ミーティングの場で語られます。当事者の研究によって支援者は学ぶことができます。

ネットワークに関わるそれぞれの機関が、ネットワークそのものに対して安心感、信頼感がもてるかというのも重要な点と感じています。応援ミーティングでは、深刻な問題を論じながらも大いに笑いがある会議となります。共育相談「元気」と関係機関と当事者が共に問題をシェアすることで安心感も増大し、笑って帰ることができるようになります。

問題や失敗だけが検討される場となってしまっては、ネットワーク内の連携や会議が機能しているとは言えません。単に問題をなくすという視点だけでは成果が見えにくいのです。さまざまな問題があるにせよ、その人なりに頑張ってきている、頑張ろうとしている、そこを注文なしに信じていく姿勢が問われていると思います。この一点がなければ、関わりというものは不可能であると私は感じています。

このほかに活用しているプログラムとして、親の会（自助グループあじさいクラブ）が自ら子育ての練習をするＳＳＴの場などがあります。

3 子どもへの支援プログラム

▼吉村　不登校やいじめは、子どもからのＳＯＳであり、子どもたちが問題行動（マイナス）を取ったとしても、その子の良いところ（プラス）を発見してあげることが必要であり、良いほう（プラス）へ良いほう（プラス）へと転じていくことで子どもたちも変わっていくと確信しています。

誤解や偏見にさらされ、否定されていた子どもたちは、絶望感で悩み苦しみ、引け目や劣等感に苛まれています。〝あなたはあなたのままでいい〟と、その子がその子であることを大切にしながら子どもの気持ちを聴くようにしています。先に紹介した応援ミーティングの基本理念もそこにあると思います。「おばさんは、あなたに会えてとてもうれしい」「私もおばさんに会えてほっとした」、そんなかかわりです。

共育相談「元気」によるリカバリー支援〝元気プログラム〟は、学習活動、体験活動、気持ちの時間と称して、自分の気持ちを言葉にして表現する活動を行ないます。体験活動では、登山やキャンプなど、毎年さまざまな取り組みをしています。また、そこには同じ苦労の経験がある先輩も加わり、調理やコミュニケーションを促進するゲームなどをします。共に温かいぬくもりを感じ、癒されていくピアサポートの活動の場にもなっています。元気プログラムは、安心を経験できる機会であり、気持ちを表現できる機会であり、コミュニケーションを学ぶ機会でもあると言えます。

先輩の子どもたちがピアサポート研修（コミュニケーション技能や対人関係技能を学ぶ研修）に参加し、自分たちがサポートされてきた安心・安全を今度は後輩をサポートする側になって活動するように育っています。

共育相談「元気」のキャッチフレーズに戻りますが、共に考え、共に支え支えられて、共に元気を分かち合う、そんな関わりを私たちは担っています。

4 共育相談「元気」のこれから

▼小林　共育相談「元気」の今後の展開についてお聞かせください。

▼吉村　平成二二（二〇一〇）年度からは、学校に行けなくなった子どもたちが日中に集う、安心・安全な居場所も確保することができました。その部屋は「元気る〜む」とネーミングされています。共育相談「元気」で関わった子どもたちが、〝元気プログラム〟を日常的に行なえる場所です。そこでは指導ではなく、子どもが心を温め、自信を取り戻し、自ら動き出すエンパワーを信じることから始めます。子どもたちの勇気づけのアプローチを行なう場となっています。

また、共育相談「元気」は子どもに何か起こったときの教育相談ですが、これまでの活動の経験から予防活動の重要性を意識するようになりました。三次予防だけではなく、一次予防、二次予防としての予防活動です（図3）。子どもたちに問題が生じる前の予防的なアプローチの必要性です。子どもたち同士のピアサポート、ＳＳＴ、エンカウンターなどを学校の現場でもできるとよいと考えています。

そのため、学校の先生や地域の方々のための研修の機会や、浦河町教育委員会の家庭教育フォーラムなどで普及啓発活動も力を入れていきたいと考えています。

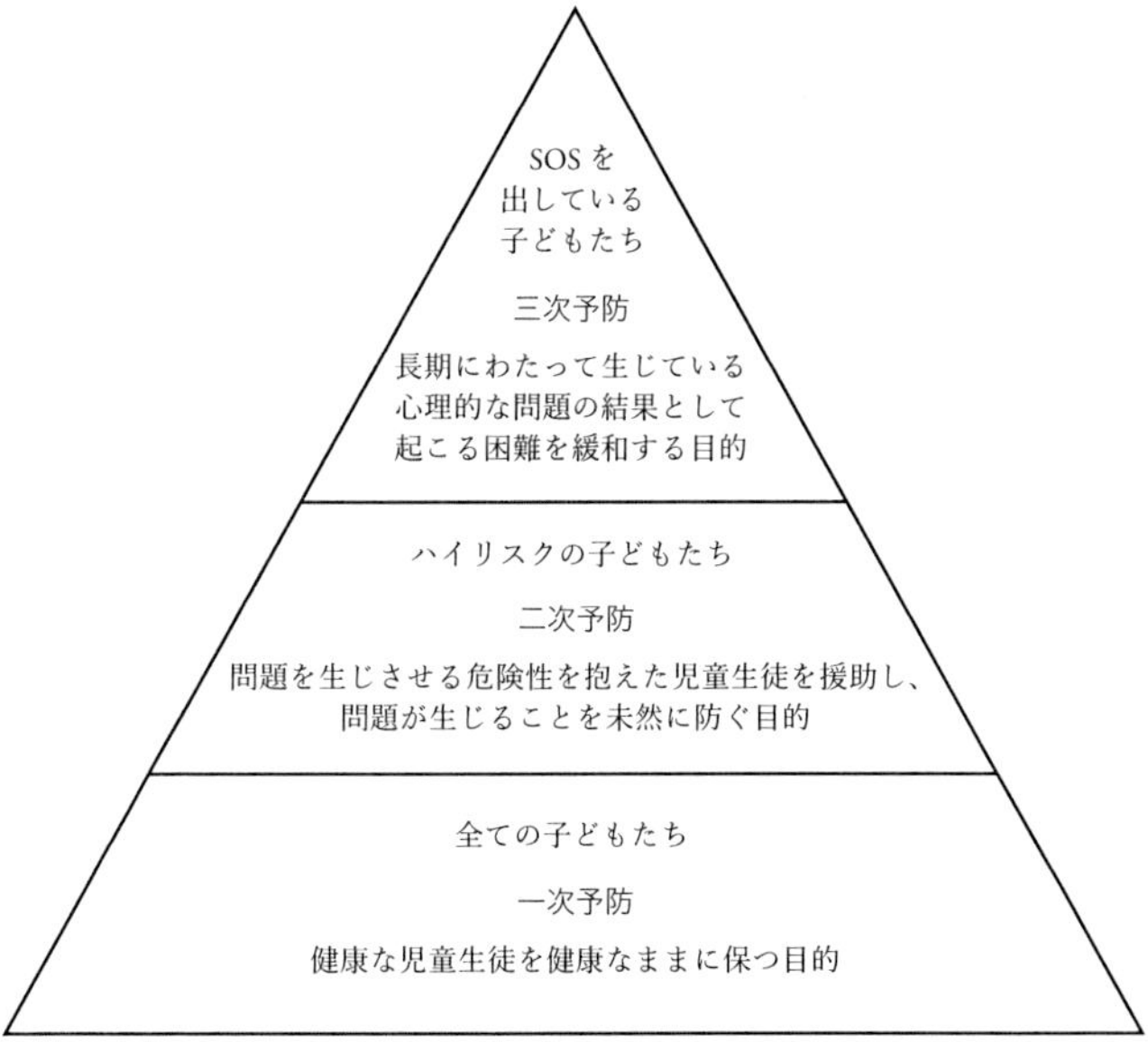
SOSを
出している
子どもたち
三次予防
長期にわたって生じている
心理的な問題の結果として
起こる困難を緩和する目的
ハイリスクの子どもたち
二次予防
問題を生じさせる危険性を抱えた児童生徒を援助し、
問題が生じることを未然に防ぐ目的
全ての子どもたち
一次予防
健康な児童生徒を健康なままに保つ目的

図３　予防活動

▼小林　「共育」とコミュニティ支援への吉村さんの思いについてお聞かせください。

▼吉村　私は浦河町職員という立場にいますが、共育相談「元気」の活動を通じて浦河のコミュニティ支援に携わっています。

　私のほかにも、浦河町には熱い思いの地域住民が数多くいると感じています。たとえば、浦河町に住む引きこもりやニートと呼ばれる子どもたちの力になりたいと、引きこもり支援士の資格取得後、行政に発信しながらＮＰＯを立ち上げようとしている方もいます。問題のある家庭を前にしたとき、やむにやまれぬ気持ちから、その家庭をボランティアで支える方々、育児の応援をしてほしい人と応援したい人がお互いに助け助けられたりして育児の相互活動を行なう会員組織の方々、不登校経験のある子どもの穏やかな成長を見守り、働くことができる職場を提供してくれる店主といった方々がいます。地域住民による自主的で自発的に行なわれる共同活動を通して、浦河町の一体感や人のつながりを実感することができます。熱意があれば人は確かにつながっていくということを感じます。自分たちの住んでいる地域の人たちが、温かい心のふれあいでお互いに理解しあい、連帯意識をもって快適で安らぎとうるおいのある地域社会を創っていこうとする地域住民の意識の高さを思います。現に、これまでも問題の渦中にいる子どもが地域のサッカーチームなどにつながっていて、そこでのつながりのなかで声をかけてもらい、支えられ、何とか自立の道を歩んでいたりします。地域住民の声かけ自体が予防活動になっていることを感じます。子どもたちが地域の力で、そこかしこでつながり支えられています。多くの地域の人たちが参加して「地域全体で子育てしよう」という流れになればと思います。

浦河べてるの家の利用者にも、この地域で支えられて大人になった方々がいます。浦河べてるの家も共育相談「元気」の働きも、共に地域で支える働きを担っていることでは共通しています。

総合的応援体制を作ろうとしていますが、まだ個々でばらばらに対応しているケースも多く見られますので、これからの課題です。

これからも私自身の成長とともに、感謝の気持ちと謙虚な姿勢を忘れることなく地域の人々や関係機関と連携し、共育相談「元気」がこの地域で生きる子どもたちの心のよりどころとして、今まで以上に認知されることを願っています。

▼文献

伊藤恵里子 2010「子育て支援と浦河管内子どもの虐待防止ネットワークの取り組みから」『臨床心理学』10-5；766-772【本書第2部第3章】
高田大志 2011「総合病院浦河赤十字病院医療相談室での実践を通じて」『臨床心理学』11-1；107-114【本書第2部第5章】

第3部
浦河べてるの家のコミュニティ支援の未来

第1章

浦河べてるの家の未来形

向谷地生良

1 はじめに

伝統的な精神医療は、トレーニングを積んだ精神科医、看護師、ソーシャルワーカー、OT（作業療法士）、臨床心理士などが、精神疾患をもつ人に治療や支援を提供し、その結果、回復や社会復帰が促進されるというものでした。しかし、精神科病院を作って病床数を増やし（世界中の精神科病床のおよそ二割を日本がかかえる）、大量の薬物を使い、それなりに人材もお金もつぎ込みながらも、我が国の精神保健福祉をめぐる状況には大きな改善の糸口が見えず、むしろ深刻化しています。

そこで思い出すのがR・ワーナー（コロラド大学）の研究です。『統合失調症からの回復』（ワーナー 2005）と題された著作には、興味深いデータが紹介されています。ワーナーは、統合失調症をもつ人の発症や回復を「人類の生存と生産過程の物質的条件から考える」という唯物論的接近法によるアプローチを試みました。その考察のなかで、「一九五五年の直前に抗精神病薬が出現したが、長期的な転機にはほとんど影響を及ぼしていない」と指摘しています。しかも「現在の回復率は、今世紀初頭（抗精神病薬が登場していない時代）の二〇年間と比較して特別すぐれているわけではない」というのです。さらに気勢を削がれるのが、世界的にみて「薬物療法の到来以降、脱施設化は患者の症状や社会的機能について何の改善ももたらしていない」としていることで、しかも「それまで、ホスピタリズムによって作られた施設神経症」が、地域生活のなかで「あいかわらず生きる意味の見いだせない実存神経症（人間存在の意味や価値を見失って精神的貧困状態に陥ること）」に置き換わっただけの状態であるとしています。

以上のような歴史的かつマクロ的な視野で精神保健福祉の課題をみると、日本の入院中心の治療や多剤多量問題は、精神保健福祉の課題の象徴的な課題のひとつにすぎず、このテーマに内包された問題を、日本は得意の親方日の丸の〝護送船団方式〟で手つかずにしてきたといえます。しかも、パターナリスティックで、かつ保護的管理的に扱い、結果として現在の状況があるという理解も成り立ちます。

浦河の取り組みの特徴は、地域で暮らすことを入院生活に対比してバラ色と考えなかったところにあり、偶然にもワーナーが示したデータと重なるような気がします。入院生活には入院特有の苦労がありますが、地域にはどんなに支援体制が充実しても、地域生活ならではの生きる苦労があります。だからこそ、回復とは「自分らしい苦労の取り戻し」といえるのです。そして、大事なのは「自分の抱える苦労を地域の苦労に」することであり、「地域の抱える苦労を自分の苦労に」することだと考えてきました。そこには、自分の抱える苦労には地域の苦労が反映していて、自分の苦労の解決は地域の苦労の解決につながるという発想があります。

では、浦河という地域が抱えている精神保健福祉の固有の課題は何かというと、精神科病床数の突出した多さがありました。比較対象として、浦河べてるの家がある同じ北海道の札幌市（人口一九〇万人）にある精神科病床数は約七三〇〇床（二〇〇八年時点）であり、人口一万人あたりで計算すると三八床になります。これは市町村（東京都は特別区）別で全国一となるそうです（平成二〇年五月一二日『北海道新聞』朝刊）。日本が世界で人口比あたりの精神科病床数が世界一ですから、札幌市は世界で一番精神科病床数が多い都市となるわけです。

しかし、実は、浦河も二〇〇一年の病床削減（一三〇床➡六〇床）がなされるまでは、日高東部地域（えりも町、様似町、浦河町、三石町）を診療圏（人口約三万人）として計算すると、その札幌市を上回る四三床／一万人もありました。その意味でも、浦河は、日本的な精神科医療の負の現実がもっとも象徴的に凝縮された地域でもあるのです。

浦河の取り組みは、その現実から始まったという意味でも大きな社会実験ということができます。

2 病院から地域へ出るという現実

過疎地域で暮らしていると、精神障害をもつ人の社会復帰のテーマは、地域全体の復権（暮らしやすさ）と不可分の関係にあることがわかります。浦河は、先にも述べたようにバブルがはじけて以来、町の経済を牽引してきた主だった企業が倒産ないしは廃業し、人口減少も相まって地域の経済活動は長引く不況のなかで半分近くに縮小しました。先に紹介したワーナーは、薬物療法や退院促進以上に当事者の生きにくさを促進させる要因をマクロ統計的に明らかにし、それは「仕事がないこと」だと指摘しています。

そう考えると、浦河町で暮らすすべての人にとって、この地域は年ごとに生きにくさ、暮らしにくさが増していることになります。そして、この意味でも、べてるの家の歩みが日高昆布の産直という起業から始まったのは、決して偶然ではないような気がします。今後も浦河における精神障害をもつ人たちの地域移行や社会復帰の促進は、単純に受け皿の整備や地域生活支援体制の整備以上に、勢いを増す過疎化の波に対抗する新たな地域の活性化にかかっているといえます。

もう一つは、この問題を担おうとするときに、私は、認知症や知的障害などへの生活支援の取り組みに強く励まされることがあります。特に、認知症は精神科との連携が求められる分野ですが、地域で支えるためのすばらしい実践が全国各地でなされていますし、知的障害や身体障害の領域でも、重度の障害を抱えた人たちを地域で支えるための先駆的な実践があります。

私が精神科で仕事をはじめた一九七〇年代は、病棟には今でいう知的障害圏の人たちがたくさん入院していました。その後、地域に入所施設ができて退院していきましたが、今はさらに施設から地域生活に移行するための取り組みが加速化しています。その取り組みをみたときに、精神保健福祉分野の私たちが学ばなくてはならない点が多々あります。たとえば、重度の自閉症をもつ人を二四時間三六五日支える仕組みやスタッフの熱意です。しかも、安易に精神科医療に頼らず、生活支援技術を磨き、地域支援体制を充実させることによって、あくまでも地域全体で支えていこうとする一貫した姿勢があることです。

もちろん、浦河でも、長年にわたって起業を柱とした就労支援体制と、浦河赤十字病院の夜間も含めた二四時間対応、べてるの家の昼夜を問わない生活支援とメンバーによるピアサポートの体制が浦河の支援の特徴といわれてきました。そして、実際に、町の中心部に十数棟のグループホームや共同住居を整備し、一〇〇人近いメンバーの生活を下支えしてきました。しかし、現実にはそれだけでは地域生活を支えきれない人たちがいることがわかってきました。それは、より多様な居住形態を認めていくというあり方です。小さな家族のような暮らし方やアパートでの単独生活を可能にする支援の仕方など、よりきめ細かい当事者の暮らしやすさに沿った住まいの形を考える必要があります。

3 状況の「翻訳者」としての役割

毎日新聞社の論説委員の野沢和弘さんと対談をしたときの話です（野沢・向谷地 2011）。「厚労省の調査で地域に戻せない入院患者が四割もいる。地域には受け皿もあるし、必要な支援もあるのに、なぜ病棟から退院させられないいか」という話になりました。それに対して野沢さんは、医療関係者の言い分として、入院患者が「身辺管理ができない」「人に迷惑をかける可能性がある」からだという理由を挙げていたそうです。

しかし、野沢さんが指摘するように、入院患者に限らず、地域社会を見渡せば、自分のことを自分でできなくて、人に迷惑をかけるおそれがあっても、地域で暮らしている人は現実にはたくさんいます。入院患者だけが迷惑をかける存在ではなくて、現実にはいろんな人が地域で暮らしている。それで、野沢さんは、「医療関係者はすごく真面目に答えていると思う。しかし、医療関係者は患者さんを診たり、治療するプロではあるかもしれないが、地域で暮らすためのプロではないのかな……」と感想を述べていました。このことは、私たちにも当てはまり、入院治療を前提とした医療の世界にいると、退院して地域で暮らすという当たり前のことが、すごく難しく見えてくることがあります。私も病院で長く仕事をしていたので、「こうなってからじゃないと退院は難しい」という発想になりがちなことはわかります。しかし、何かができたら退院できると考えてしまう私たちの出発点から疑ってみる必要があります。

また、私は入院患者が退院して地域で暮らすときに必要とされるソーシャルワーカーなどの支援者の役割のひとつに、「状況を翻訳する力」があると思っています。それは、今、何が起きているかを見極め、それが意味することを明らかにし、前向きな手立てやビジョンを共有することです。それは、仮でも構いません。この「前向きな試行錯誤」を持続させることが、あらゆる実践の基本となります。これを、当事者研究では「リアルタイムの創出知」（清水 1996）といっています。しかし、これは支援者に必須の力である以上に、当事者も含めたみんなが共有すべき基本的な力であり、態度ということができます。その意味でも、地域生活とは、当事者自身がいろいろと失敗と経験を重ねながら、人とのつながりを回復し、自ら生きる場を築きあげていく作業ということができます。

この「翻訳作業」を怠り、目に前の出来事の困難さだけを生で抱え込むと、疲労感だけが残り、前向きな取り組みができにくくなります。そして結果的に、問題を回避し、リスクの可能性を取り除くために、必要以上に保護的管理的な支援に陥り、対応力を喪失するという悪循環に陥ります。

4 「病むこと」と「つながること」

私は、人は「つながるために病む」と考えています。人が心を病むということの根底にあるテーマは、〝つながり〟と〝和解〟だと思っています。「病む」とは、個々の誰かとの目に見えるつながりだけでなく、もっと広い〝生命的なつながり〟から人が切り離されて、自分の根源的な所在がわからなくなる事態ということができます。別の言い方をするならば、人間が生きるということの深遠さ、説明しきれないほどの不思議さと神秘性を、あまりにも単純化しすぎた結果、私たちの身体には、それを取り戻そうとする〝生命的な反乱〟が起きやすくなっているということです。見えない危機が私たちに及んだとき、人は心を病むということを通して、大切な何かを取り戻そうとするのだと感じています。だから、病むという現実を生き抜いた人の経験は、人のこころを打つのです。

それは、自傷行為や他害行為のように、一見すれば受け止めにくい形で現われますが、その行為によって否応なしに周囲の人が関わらざるをえなくなることも含みます。〝生命的な反乱〟には、法律や社会的な規範は通用しません。札幌べてるの集いのメンバーの西坂自然さんの言葉を借りるなら「嫌われてもいいからつながっていたい」という生命の一途な欲求の前に、私たちは無力なのです。しかし、私はその無力さを〝克服すべきもの〟とは考えません。むしろ、受け入れ、大切にすべきことだと思っています。その意味でも、当事者研究とは、生命的な営みとしての病むことの意味を見極め、その大切なメッセージを読み取り、実現することに向けた共同作業ということができます。

このような理解が、今の治療や相談支援の現場に浸透するには、まだまだ時間がかかると思いますが、時代は着実に変わりつつあります。というのも、メンバーが自分の幻聴や妄想について語ることはタブー視され、従来の精神医学や心理学の常識から考えれば、ただの負荷にすぎないという理解が一般的でした。しかし、当事者研究は、それをくつがえすデータを次々と明らかにしています。私たちは、当事者たちが語り始めて、いわゆる専門家の人たちの常識とは違うものをいくつも見せられてきました。その意味で、私たちには、ある種の大胆な発想の転換が必要なのかもしれないのです。

そのひとつが、「前向きな無力さ」という支援者としての態度です。この無力さとは、決して敗北主義でも、現代的な虚無主義でもありません。私たちが信じているのは、お互いが無力であることを認め合ったときに、初めて泉のように場に満ちて湧き上がる〝力〟への信頼であり、無力さを知ったときに気づくありのままの自分の可能性です。それは、個人の努力や善意、もっている才能を超えたもののような気がします。さらに、ナラティヴ・セラピーの「無知のアプローチ」にも重なるところがあるような気がします。

5 語る文化の源流

先に紹介したように、生命関係論や場の生命論の研究者である清水博氏は、『生命知としての場の論理』（清水 1996）という書物のなかで「自己が自己自身を表現しようとする欲望、すなわち自己表現性は生命の大きな特徴である」と述べています。そのように、私は人間の自己表現の手段のなかでも〝言葉〟というものは、とても大事な表現手段だと思います。べてるも、この言葉とともに振る舞いという自己表現の手段を大切にしてきました。このような今のべてるの源流をたどれば、一九七〇年代半ばから一九八〇年代初頭に浦河で始まった断酒会やＡＡ（アルコホリクス・アノニマス）の活動に遡ることができます。

浦河町は、もともと漁師町であると同時に、公共事業に支えられた建設会社で働く日雇い労働者が多い地域で、地域の精神保健福祉の問題の中心にアルコール依存症がありました。その問題にこころを砕いた当時の浦河赤十字病院精神科の中尾衛先生が、断酒会の設立に奔走し、えりも町から様似、浦河、三石町の四町を週一回ずつ巡回するという巡回診療を始めました。これにともなって断酒会活動が盛んになっていきました。

そのメンバーの有志が、一九八四年に設立された浦河べてるの家の活動に加わっていきます。統合失調症を抱えるメンバーとアルコール依存症のメンバーによって始まったべてるの活動に、語る文化を持ち込んだのが断酒会に通うメンバーでした。アルコール依存症の人たちと統合失調症の人たちが、べてるの活動を通じて一緒に仕事をするようになり、語りの文化に親しんでいきました。一つの例として、AAの人たちは「私はアル中の○○です」と自己紹介しますが、べてるでも「僕は統合失調症の○○です」と自己紹介する伝統を受け継いでいます。そのような語りの文化から新しい言葉が創造され、「弱さを絆に」などの私たちの経験を象徴した言葉が「べてるの理念」となり、継承されてきました。

6 〝自分事〟として考える——生き方や暮らし方を問う

自分事になりますが、大学を卒業したのが二二歳のときですから、ちょうど浦河で暮らすようになって早いもので三五年が経ちます。最近は、還暦という人生の節目も視界に入り、あまり実感はないのですが「老いる」ということを、〝自分事〟として考え始めるようになりました。そこで、あらためてソーシャルワーカーとして私自身の歩みを振り返ったとき、一貫して大事にしてきたことは、相談される事柄の一つひとつを〝自分事〟と受け止めてきたことだと気づきました。誰のために仕事をしているのではなく、すべて私は〝自分事〟として、自分のために仕事をしてきたといってもいいと思います。

ですから、これまで培った経験や出会いの数々をもとに、今後の自分の暮らしやすさに向けた自分なりのアイデアを作っていく作業を始めようと思っています。それは、極めて具体的で現実的なことです。例えば、自分が半身麻痺になったとき、認知症になったとき、がんを患ったとき、どのように暮らすだろうかと自分なりにイメージしてみます。私は、かなり自分本位で要求の多い患者になる自信があります。私のわがままさ加減みたいなものを、周りの人が受けてくれるよう許容範囲をなるべく広げておきたい。広げるためにはどうしたらいいだろうかと考えるのです。私は、かつて子育てに忙しかった時代に、べてるのメンバーたちに支えられました。保育所への迎え、留守番、子守といった場面でメンバーに本当にお世話になりました。そして、今度は、老後でお世話になる場面がたくさん出てくるような気がしています。それは、ソーシャルワーカーとしての基本的な倫理にある「利用者との専門的援助関係を最も大切にし、それを自己の利益のために利用しない」に抵触するという人がいるかもしれません。しかし、究極のソーシャルワークとは、「援助者とかクライエントとかの関係を超えて「お互い様を日常化すること」である」と考えてきた私にとって、これはごく自然なことでした。釧路でＮＰＯ法人地域生活支援ネットワークサロンを設立した日置真世さんの言葉を借りるならば、「生活当事者」になるということです。

それは、この町に住む誰もが、自分の生活と地域形成の当事者としての自らの役割を取り戻していくことだと考えています。そのために、この地域で住むことを〝自分事〟として捉え、地域に前向きな関心をもつ人たちが増える必要があります。

先にも紹介したように、私が浦河町に来た頃（一九七八年）に比べても町の勢い（当時の人口約二万人）は、もう半分ほどしかありません。このまま人口減少が進むと一〇年もしないうちに一万人を切る可能性もあります。この現状は、日本中のどの地域でも大なり小なり起きていることです。そして、浦河には、さらに地域固有の課題も山積しています。そこには、障害者の地域生活支援にとどまらない地域そのものの再生という大きな課題があります。三〇年以上にわたって私たちがこだわり続けてきたのは、精神障害をもつ人たちへの支援ではなく、障害をもつ町民の経験を活かした地域づくりでした。ですから、私たちは、精神障害をもった人たちという以上に、人間として、町民として、自分の経験を活かした暮らし方の提案と実践を重んじてきました。私が大事に思うのは、精神科病棟への入院という、浦河町に住む人にとって一番惨めだと思われていた経験を積んだ人たちが、地域の片隅で三〇年以上もコツコツと「地域全体の社会復帰」という妄想的な構想を追い続けてきたことです。

そして、全国的な視野で見ると、共通しているところは、元気な地域というのは、やはり町民が主役になって地域づくりに取り組んでいることです。会社も社員が中心になって意欲的に仕事に取り組んでいるところは業績もいい。そして、そんな地域には、必ずといっていいくらい逆境を生き抜いてきた感動があります。

その意味でも、「精神障害者の地域生活支援」というテーマは、地域づくりの一里塚にすぎません。浦河にとって、もっとも重く困難であったこの課題を、愚直なまでに担い続けてきた私たちは、知らず知らずのうちに、この地域の誰もが自分の暮らしの当事者になるという植林にも似た作業を続けてきたことになります。それが、今は林となり、森に近づいてきたように思います。

そして、当事者研究が、自分に何が起きているのかを自分で見極めて、自分の助け方を自分や仲間とともに見出していこうという活動だとするならば、べてるのコミュニティ支援は、地域全体を視野に入れた一つの壮大な当事者研究をしているのではないかと思うことがあります。

7 まとめ

浦河という過疎化が進む地域で始まった精神障害をもつ人たちを巻き込んだコミュニティ支援は、実に幅広い領域で取り上げられ、語られるようになってきました。そして、その波は海外にも広がりつつあります。そこで、私が浦河の未来を考えたとき大切にしたいのは、より困難を抱えたアジア、アフリカの途上国との交流です。途上国も、やがては日本がたどったのと同様の困難を抱えるときが来るでしょうし、私たちも、今のアジアやアフリカに学ぶことがあるはずです。

今年（二〇一二年）、バングラディッシュで障害者支援に取り組む看護師・岩本直美さんがべてるの家を訪ねてこられ、プログラムに参加するなかで、今後のスタッフやメンバーとの交流を約束しました。この交流が、さまざまな分野に広がることを期待したいと思います。ボランティアの定義に「すすんで弱くなること」があります。途上国との交流も、同じことが言えるような気がします。浦河という地域の発展は、方向として、そのような「降りてゆく地域づくり」にあると思っています。この「弱さの国際交流」こそが、浦河で暮らす私たちに新しい未来をもたらすような気がします。

▼文献

清水 博 1996『生命知としての場の論理』中公新書
野沢和弘・向谷地生良 2011「対談」『べてるモンド』(二〇一一冬号) pp.4-8
向谷地生良 2011a「つながりを生きる――弱さを絆に「べてるの家」のつながり方」『同朋』63-12 ; 12-21
向谷地生良 2011b「病むこと、生きること――べてるの家の歩みかた」『現代と親鸞』23 ; 57-96
リチャード・ワーナー[西野直樹・中井久夫=監訳] 2005『統合失調症からの回復』岩崎学術出版社

第2章 弱さを絆に

べてるのコミュニティ支援を語る

向谷地生良／小林 茂

参加——向谷地悦子／秋山里子／伊藤知之／清水里香／高田大志／大濱伸昭／本田幹夫

1 はじめに

▼小林　今回は、本書の締めくくりということで座談会を企画させていただきました。

本書『コミュニティ支援、べてる式。』には、大きく二つの流れがあったと思います。一つは、ふだんはあまりクローズアップされることのない浦河の支援の取り組みと支援者を紹介することです。もう一つは、浦河のコミュニティ支援と、支援のネットワークの全体像を浮かび上がらせることです。

一般的にコミュニティ支援の取り組みを紹介する類書はたくさんあります。その大半が、この企画のように支援者、研究者によるものです。私自身、本来裏方であるはずの支援者、研究者、専門家のみによる実践報告や研究発表に、どこか不自然さを感じているのですが、浦河では昔から当事者主体の支援を実践し、当事者研究という形で当事者が自らの助け方の研究発表をしています。一般とは事情が逆となり、当事者が主役となる実践を紹介しているわけです。

けれども、その逆の逆というか、いったい浦河の支援者はどこで何をしているのか、どのような取り組みをしているのかが見えない、あまり紹介されていない、という印象がありました。

特に、べてるには全国から、最近では世界各地からも年間三〇〇〇人を超す見学者があるのですが、浦河の実践に興味をもって見学に来られた支援者の方々からよく聞く発言に「(支援者として)どうしたら自分の住んでいるところで、べてるや浦河のような取り組みができるだろうか」という声があります。しかし、皆さんが「浦河はいいな」「べてるがうらやましい」という印象をもたれても、限られた見学の期間や参加の機会のなかで未消化のまま帰る姿を見ることになるわけです。

こうしたことから、あえて浦河の支援の取り組みと支援者を紹介し、浦河のコミュニティ支援と支援のネットワークの全体像を取り上げることは意味あることだと考えました。

もちろん、紹介されてきた浦河のコミュニティ支援を、そのまま真似ればいいというわけではありませんし、うまくいくという保証もありません。しかし、何かしら触発されるようなものがあればいいと考えています。

次に、向谷地さんは、アメリカの神学者P・ティリッヒの「人には超えてはならない、克服してはならない苦労や苦悩があること」という考えを共有し、大切にしてきたと思いますが、浦河の支援においても支援者が共有している意識だと感じています。

たとえば、「治療」に関して、ある当事者が当事者研究を進めて症状がなくなれば幸せになれると思っていたら、実はそうではなかったという研究を発表していたことがありました。

私は、これはとても重要なことで、支援者が良い支援をし、当事者が良い支援を受け、病気が治り、症状が治り、健康になれば、本当に幸せになれるのか、という問いかけが含まれていると思います。病気の治療以上に、生きる苦労との向き合い方のテーマがそこに含まれているわけです。

浦河では、「病気の苦労」から「現実の苦労」への支援、「苦労を奪わない」支援を大切にしていると思いますが、単に支援システム、支援プログラム、支援のネットワークを超えた、浦河の支援者が大切にしてきたものがあると思います。そういったところも今回の話題にできたらと思います。

2 公私混同大歓迎――つながりを築く

▼向谷地　実は、私が駆け出しの頃（一九七八年）に自分で使っていたキャッチフレーズが「いつでも、どこでも、いつまでも」でした。当時は病院があるだけで、地域生活支援に類するものは何もなかった時代です。そんななかでソーシャルワーカーとして仕事をはじめて必要だと思ったのが、緊急時の対応、継続的な支援、そして地域での孤立を防ぐための〝つながり〟だったのです。精神障害をもちながら地域で暮らす人たちが二四時間三六五日、必要に応じて医療や相談支援、そして仲間といつでもアクセスできるようになるということが大切だと思ったわけです。浦河にいると、それが当たり前のようになっているけど、他の地域に行くと、それがとても難しいようです。

▼伊藤　浦河のコミュニティ支援は、インターネットでつながるネットワークにも似ていますね。

▼向谷地　そうですね。一つのつながりが遮断されても、つねに別のルートが開かれているという意味で似ていますね。

▼小林　つながる手段ということでは、向谷地さんはソーシャルワーカーとして働き始めた頃から名刺に自分の家の住所や電話番号を書いて渡していましたが、そもそも何かきっかけがあったのですか？

▼向谷地　私は、学生時代に札幌で難病患者の団体でボランティアとして活動していました。そのときの経験を話すと、応援してくれる医師や医学生、看護学生が、難病をもつ人たちと一緒に活動をしていました。その感覚で精神科の現場にソーシャルワーカーとして入ったとき、〝患者さんとは距離を取らなくてはいけない〟と言われて、正直私は戸惑いを感じたわけです。突然、専門家という〝ついたて〟が自分の目の前に立てられて、患者さんたちに連絡先やプライベートな情報を知られちゃだめだと言われてしまう。それにすごく違和感をもったわけです。人間関係には、どんな関係でも適切な距離感というものが必要というのはわかる。でも、難病をもつ人たちと活動していたときに「距離をもつように」とは、誰も言っていなかった。それが、精神障害になると、誰がもっともらしく「距離が大事」と言うのです。私は、その差に精神障害をもつ人たちが強いられている〝生きづらさ〟の一面を感じたんです。そこで、私はあえて名刺に自分の住所や電話番号を書き込んで、浦河という地域に自分も共に暮らしているという目線に立ち、専門家である前に、当事者仲間との〝ご近所づきあい〟感覚を大事にしようと思いました。言葉を換えれば、システム化され、管理されたつながりではなく、自然な人間関係とかそういうものを大事にしたいと思った。そのためには自分が地域に開かれていなきゃいけないと考えたわけです。

▼小林　なるほど。このような向谷地さんの意識が浦河のコミュニティ支援の特徴に結びついているのですね。このような浦河町に当事者として来て、今は当事者スタッフ、ピアサポーターとして働

いている清水さん、秋山さん、本田さんは、浦河のコミュニティ支援にどのような印象をもたれていますか？

▼清水　私は、地元（栃木県）以外は浦河町しか知らないけれど、病院への通院以外には当事者と関わったことがありませんでした。ソーシャルワーカーという職種も知らなかったので、浦河に来て入院しているときにも、退院したら一人ぼっちかなと思っていた。だけど、退院後も仲間や専門家の人たちと関わりがあって、そのなかで皆と囲まれて生活できると知ってびっくりしました。最近はピアサポーターをしたり、私も住んでいる共同住居でも仲間とのつながりがあって、どこまでが支援でどこからが違うのかよくわからないですね（笑）。

▼向谷地　そうだね。公私の区別がないよね。一般的に支援者は患者と「距離を取る」と言われているんだけど、浦河ではほとんどその枠からはみだしている。そこが特徴だね。

▼秋山　最初に川村敏明先生に受診して話をしたときに名刺をもらいました。川村先生の名刺にも自宅の連絡先が書いてあって、受診のあともつながることができた。浦河ではお医者さんや専門家とか患者とかの線引きがはっきり分かれていない感じがします。皆が近いところにいるような、皆が一人ひとり人間として大切にされている感じがします。

▼向谷地　それこそ、本当にご近所的なつきあいだよね。本田さんはどうですか？

▼本田　浦河の地域は当事者の層が厚い気がするよね。いつも、べてるやデイケアに通っている人や、

通えなくても住居にいる人とかいろいろな人が町にいる。
▼秋山　町を歩いていると必ず誰かに会ったりするよね。
▼向谷地　そうだよね。必ず誰かに会ってしまう。
▼小林　そういう意味では、浦河みたいな小さな町にいると、距離を取ろうとする支援者は逆に不自然になるか、挙動不審になってしまいますよね。
▼大濱　僕は、大学を卒業して最初の職業が浦河赤十字病院のソーシャルワーカーでした。浦河赤十字病院では、若い職員はいろいろなサークルに誘われるわけです。そこで最初に驚いたのは、仕事が終わってサッカーをしに行くと、ついさっきまでデイケアで一緒にいた本田さんが普通に職員と参加している。それに驚いた。どういう経緯で参加することになったかはわからないけど、自然に参加している姿が「いいなぁ」と思った。野球に行ってもまた違う当事者が参加して、そこに馴染んでいる。一見精神科の患者さんとつながらない事務の職員が当事者に気軽に声をかけたりしている。そういうつながりが良いと思いました。
▼小林　専門家が当事者と距離を取るのは、あるところでは支援者自身を守る目的もある。患者のためと言いながら建前としても存在している。しかし、実際に当事者とご近所づきあいをする距離というのは、大変な負担もあるのではないかと思います。

3 べてるはいつも問題だらけ――二四時間三六五日の支援体制

▼小林　向谷地悦子さんは、向谷地さん、川村先生とともに、べてるの立ち上げのときから共に歩んできたわけですが、二四時間三六五日連絡が来るような環境について、どのような感想をおもちでしょうか？

▼向谷地（悦）　そうですね、浦河の地域では、生活支援センターや相談支援センターのような専門機関がまるっきりなかったのが逆に良かったんじゃないかと思います。何かあったとき、そこは病院のやること、べてるがやることと区別するよりも、相談を受けたら必要なところまで出向いていく。地域の支援を、どの機関の仕事と固執しないからできてきたのかな、と思います。

▼伊藤　それに、浦河の地域は、発足の当初から向谷地さんと仲間と寝食を共にしたりしていたところから、つながりの下地ができてきたのかなと思います。

▼向谷地　そうだね。最初から、公私混同でやっていた。

▼小林　そうですね。浦河のコミュニティ支援は、最初から公私混同で、境界なくやっていたと言える。

▼秋山　境界がないという意味では、川村先生の家も変ですよね。食事会とか開くと入院している当

事者仲間も来たりして、川村先生もその人に「あれ？　君、入院してたっけ？　退院したんだっけ？」っていう感じですよね（笑）。

▼向谷地（悦）　都会だと、当事者が調子を崩しても、どこの病院に連れて行けばいいのかわからない。浦河だと、浦河赤十字病院一つだけだから、困ったらすぐ連れて行ける。すっきりしているのがいいよね。この前もある当事者が調子を崩して郊外にある川村先生の家まで自分で歩いて行こうとしていたけど、冬場だから暗いし、遠いし、どこを歩いているかわからなくなって、結局川村先生が連絡を受け、迎えに行ったことがありましたね。医師自ら自宅から迎えに来てくれるなんて他のところじゃないですよね。

▼清水　誰かが調子を崩したときに、その人の周りにいる仲間が医師に連絡して来てもらったりするのは他ではないのかな、と思う。私の地元では、病院に行けなくなったら他に行くところがないので、選択肢がなくて恐かった。だから私なんか病院がすべてだと思っていたし、退院した後もつながれる人間関係ってなかったですよね。

▼伊藤　昔の長屋生活などの感じだと、回覧板やいろんなものを廻したりして、日常生活のなかで、つねにつながりのある関係があったと思います。浦河のコミュニティ支援のつながりはそれに近い感じですね。だから、退院後もつながり感があり、安心がある。

▼向谷地　患者が退院後にどこともつながりがないと、患者は難民になるよね。

ところで、大濱さんは今度は札幌の職場（さっぽろ駅前クリニック）で働き始めるよね。浦河のコミュニティ支援みたいな近さは作りたくないというのが専門家の一貫したスタイルではないかと思うけど、これからどうしようと思っていますか？

▼大濱　僕は向谷地さんから学生時代に「ソーシャルワーカーの仕事は、二四時間の仕事だ」と教えてもらっていたので、浦河で働き始めて、はじめて夜中に電話がなったときは、なぜか嬉しかったですね。

▼向谷地　そうだね。私が大濱さんに「ソーシャルワーカーは、患者さんに殴られて一人前だよ」と言っていたら、大濱さんは赴任して早々、異例の早さで殴られていた（笑）。

▼伊藤　僕も、べてるで支援している仲間に車を破壊されて、やっと半人前になりました。

▼大濱　それに、みんな調子が悪くなるのは、だいたい週末や夜ですよね。だから、土日祝日や夜中に連絡が来ても、教科書通りに「支援者は患者と距離を取りなさい」ということを実行したのでは、職業倫理に矛盾があると思う。僕は、支援するならそこはちゃんと応援したいと考えています。

▼向谷地　あとは、当事者仲間が支援者に電話するにしても、支援者にも「自分を助けるのは自分」という自分たちの立ち位置やわきまえが、皆どこかにあるよね。

▼伊藤　自分を助けるのは自分である。その立ち位置や、そういう支援の場が共有されているのも浦河の特徴ですね。

4 リハビリテーションよりコミュニケーション——当事者からの情報を活かす

▼向谷地（悦） それから、支援者として助かっていると思うのは、当事者仲間の間で情報が早い。「あの人、最近調子悪いみたい」「あの人、実は退院したがってる」とか、仲間の情報を教えてくれるので私たちも次の支援に結び付けるための声かけがしやすい。当事者仲間の皆が、だんだん医者みたいに診立てるようになってきていてすごいですよね。

▼大濱 患者が退院したら、べてるに通うというだけではなく、外来のついでにデイケアに当事者仲間が来て、デイケアの仲間に声をかけてくれて、そこで気軽にカンファレンスに入ってくれる。その流れで、「じゃあ、今度は、べてる行こうか」という流れになっていく。自然につながりができている。

▼小林 入退院のときも当事者仲間の応援が鍵ですね。

▼向谷地（悦） そうですね。べてるの利用登録更新のための説明会を計画したら、ある人は仲間からその情報を聞きつけて自分から連絡してきた。べてるから説明会の連絡がなかったことにすごく焦っていたけど、ほとんどべてるに来ない人でも、しっかり情報を仲間から得て共有してきた。仲間のつながりということでは、こちらがびっくりさせられることがある。

▼向谷地　大濱さんは当事者が病院のサッカーチームにいたり、伊藤さんは仲間とインターネットのようにつながれたり、患者と支援者の水平的な関係を挙げてくれたけど、高田さんはどのように見ていますか？

▼高田　やはり病棟とデイケアとべてるの区切りがない感じですね。病棟にぶらっと当事者仲間が遊びに来たりして、病棟は閉鎖病棟なんだけど人間は閉鎖されてない空間というのがある。風通しがいいので情報がすぐに入る。たとえば病棟にいる人が行きたくなるようなイベントの情報が入ると患者さんが自発的に声を上げたりする。それによって患者さんの爆発や苦労も起きるけど、情報が減ると苦労も減る。情報が増えると苦労が増えて、良い苦労ができるというのがある。

▼向谷地（悦）　べてるの当事者の早坂潔さんは病棟に行って、新年度には新しい女性の看護師さんも入るから看護師さんを励ましに行こうとしているよね。

▼高田　僕らが知らない情報も多くて、皆のほうが詳しいくらい。

▼小林　支援者が患者さんの情報を無理に把握しようとしなくても、自由な雰囲気のなかで情報が自然に入ってくるのですね。

5 仲間の力――ピアサポーターと当事者スタッフの活動

▼向谷地　最近は、NPOの活動として仲間が病棟に出向いたりもしているよね。

▼本田　病棟に行って一緒にゲームをしたり話したり。患者さんたちにも「今度はいつやるの？」って聞かれて、評判がいいですね。

▼向谷地　ぜひ継続したいね。

▼本田　そうですね。

▼小林　訪問ということでは、最近の浦河では、ピアサポート活動も盛んですが、清水さん、秋山さん、本田さん、ピアサポートの活動はいかがですか？

▼清水　精神科の病棟に行って退院を目指している人の応援をしています。一週間に一度、一緒に買い物をしたり、お茶を飲んでいろんな話を聞いたりしている。たいしたことはできていないんですけど……

▼向谷地　いやすごい。たいしたことだよ。

▼秋山　今は、週に一度、二人の仲間と一緒に訪問に行っています。訪問に行く前にみんなでちょっと打ち合わせしたり、余裕があるときは作戦を立てたりしている。最近は、訪問に行っても、行っ

た先の仲間が昼夜逆転していて起きられなくてあまり会えないけど、会えたときは少し車でドライブしたりもしている。自分一人ではなく、仲間とたくさんで行けるから安心です。本人に会えなくても、皆で分かち合いができる。ピアサポートする側も、皆で話したり、分かち合うことで助けられています。

▼本田　それにピアサポートのミーティングは楽しいよね。僕は、毎週それを楽しみにしている。皆の話を聞けるし、良い励みになる。

▼秋山　ピアサポートのミーティングにSA（スキゾフレニクス・アノニマス）のステップを入れたのも大きいよね。

▼本田　ピアサポートしているとサポートしているほうが元気になれるよね。

▼伊藤　ピアサポーターの仕事は、仲間を助ける面と支援者が助けられる面と両方ある。大変だけどね。

▼全員　そうそう（笑）。

6 弱さを絆に――〝笑い〟の効用と〝病気〟がつくる生態系

▼秋山　それから、浦河のコミュニティ支援の特徴は〝笑い〟。笑いがある！〝笑い〟に助けられて

いる部分が大きいと思います。札幌から浦河に来た仲間が「浦河に来て、精神病に罹っている人たちがこんなに笑っているのをはじめて見た。失礼かなと思いながら実際自分も笑っちゃう。自分自身のことでも、自分ではすごく深刻でドロドロしている苦労だと思っていたけど、一生懸命病気をやっている私の姿が笑えるみたいで、初診のときにも先生に笑われて、親はがっかりしていた」と話していました。

▼向谷地　親にとっては深刻だからね。

▼小林　確かに、浦河では深刻な場面でも笑いがあって救われた場面が多いような気がしますね。

▼向谷地　浦河では独特の〝笑いの哲学〟があるね。無理やり皆笑いを絶やさないようにしようとしているのではなく、〝にもかかわらず〟どこか笑える。笑いというのは究極の生きていく手立てでしょう。

▼伊藤　お葬式のような場面でさえも、皆笑って送りだそうとしている雰囲気がありますよね。

▼向谷地　〝笑い〟とか、仲間の力とか、支援のシステムでは言い表わせない部分や、制度ではカバーできないところが大きいかもしれないですね。

▼小林　そうですよね。たとえばＡＣＴ（Assertive Community Treatment／包括型地域生活支援プログラム）のような活動は、地域に住む特定の利用者に限る支援だと思います。しかし、浦河ではＡＣＴのような支援システムもなく、地域に住む当事者の誰もが必要に応じて支援を受けられる

違いがある。浦河のコミュニティ支援は、制度や支援システムを超えていると感じています。

▼向谷地　ＡＣＴは、病院内の支援システムを病院だけじゃなく地域でつくっていこうというものだよね。アメリカでは地域ぐるみで結構やっているけれど、日本では病院だけでなんとかしようとしている。地域のさまざまな資源を育てていかないとできない。地域づくりが大事。

▼本田　微生物の世界では、ある微生物が元気がなくなると、他の微生物が元気になって、互いが補い合って生態系を維持しているという話を聞いたことがあります。浦河でも、同じように誰かが困ったら他の当事者同士が動いてくれて補ってくれるような体制があって、そのなかに支援者もいるという感じですね。

▼小林　浦河には独自の病気の生態系がある！　支援者もそうだけど、当事者と支援者の間を埋めてくれる存在が多い。まんべんなく埋めてくれる存在がある。そのひとつに、べてるでは当事者スタッフの存在があって、隙間なく間を埋めてくれる。

▼伊藤　支援者と当事者が何かを一緒にするときも、当事者スタッフが間に入ることもありますね。

7　おわりに——専門領域を超えたコミュニティ支援に向かって

▼**向谷地**　これからさらに良くする点についてはどうだろうか。

▼**伊藤**　たとえば当事者活動がベースになってやってきていると思いますが、制度の推進管理にのっかろうとすると、良い意味で浦河の皆がやってきたグチャグチャさ加減が失われるのではないかと感じている。これからも、いい加減さを大切にしたい。

▼**向谷地（悦）**　べてるの活動がテレビで紹介されたりすると、世間では「べてるって、すごい」と言われる。けれども、本当は、精神障害当事者の支援ばかりではなく、地域にもっと貢献していきたい。べてるの佐々木実理事長がいつも言っているけど、福祉や医療にこだわらず地域で起きている困っていることを応援したり、もっと地域でできることを増やしていきたいですね。

▼**小林**　精神領域のコミュニティ支援といっても、その分野の専門領域とかに絞らないで、もっと大きく地域そのものを支援していくということですね。

▼**向谷地**　『日経ビジネス』誌（二〇一一年一月一〇日号――特集「〝非効率経営〟の時代」）でも浦河べてるの家の活動が紹介されたけど、浦河の地域経済だけではなく、他にも地域にもっと貢献していきたい。「カフェぶらぶらざ」の活動など、べてるが地域にかかわることで浦河町の商店街も元気になるといい。

▼**大濱**　デイケアに来ている方で、会社で何十年も働いているのにうまくいかなくて悩んでいる人がいます。その人がデイケアに来て「こんなところがあるんだ」と感動していた。浦河の空気に触れ

ただけでも元気になる人が結構います。

▼高田　そうそう。家では家族に、職場では上司に怒られて……そんな鳴かず飛ばずのなかで自由に出入りできるデイケアの空気に感動している。

▼大濱　精神科に通うほどではない、そんなに重症じゃないけれど、浦河の支援から生まれた空気に助けられている人は多いと思う。この雰囲気がもっと広がるといいですね。

▼高田　浦河での精神疾患をめぐっての支援者側の悩み方、応援の仕方は、虐待対応や学校という場でも使えるノウハウがあると思う。浦河の支援で大事にしている「人と問題を切り離す」というのがうまくできなくて、当事者本人を責めたり、身内で問題を抱えこんだりして悩んでいる例を知っています。浦河のコミュニティ支援の応援の仕方は、さまざまな面で地域に貢献していけるのではないかと思います。

▼小林　確かに、コミュニティ支援は、さまざまな面に関係しますね。精神保健の領域ばかりではなく、もっと大きな枠組み、包括的な枠組みで、普通に地域に住む人たちにもお手伝いできるような貢献ができるといいですね。これからのコミュニティ支援も楽しみです。

皆さん、今日はありがとうございました。

あとがき

小林茂

本書は、『臨床心理学』誌に二〇〇九年一一月（第五四号＝第九巻第六号）から二〇一一年五月（第六三号＝第一一巻第三号）まで「コミュニティ支援、べてる式。」と題して、浦河でコミュニティ支援に奔走する支援者の取り組みを紹介したものに加筆し、新たに章を加えたものです。

しかし、本書は浦河べてるの家のコミュニティ支援の取り組みを網羅したものではありません。浦河のコミュニティ支援という切り口で、その取り組みを切り分けようとしましたが、どうしても切り残しを残してしまいます。どうしても取り上げきれないものがあり、十分伝えきれないもどかしさが残ります。浦河のコミュニティ支援は、精神障害当事者の置かれた現状の変化とともに、今現在も私たちの支援の取り組みを変化させ、新しい展開を見せているからです。

たとえば、浦河で生活する精神障害当事者の間で産まれた子どもが、浦河にある児童養護施設暁星学園に措置されたりします。成人の障害当事者だけではなく、家庭と生活を丸ごと応援することになります。児童相談所と児童養護施設の支援者との間でも協力して、浦河のコミュニティ支援を展開しています。また、浦河には軽種馬サラブレットを育てる牧場がたくさんあり、町の代表的な基幹産業のひとつとなっています。この競走馬を育てる産業でさえ、輸入競走馬に押されて停滞気味になっています。そこで、この競走馬を競馬の目的以外にも活かそうと町役場と牧場主が協力していますす。これまでも浦河べてるの家の行事に合わせて乗馬体験や馬と交流する企画を立ててきましたが、今度は自閉症などの知的障害者（児）や身体障害者（児）向けのホースセラピーを精神障害当事者にも活かそうという構想も上がっています。産官協力に私たち福祉の領域が結びつこうとしています。ほかにも東京大学の哲学分野の研究者と始めた現象学の共同研究に町の人にも関心をもってもらおうと、〝哲学する町、浦河〟という意気込みで公開講座を開くことを始めました。これらは、本書で取り上げることができなかった活動の一例です。

このような落ちつきない浦河のコミュニティ支援です。

浦河の地域精神保健と浦河べてるの家のコミュニティ支援は、当初から当事者主体の取り組みであったといえます。現在の成果は、その賜物だといえます。

まったく不思議なことですが、この私たちの取り組みが全国の精神障害当事者の皆さんや医療、福祉、精神保健に携わる方々、最近では領域を超えて教育関係、産業領域の方々、政治に携わる方々、映像や音楽関係の方々にも関心をもっていただけるようになりました。「良くやれている」

とのお褒めの言葉をいただいたりしております。

けれども、いつも私たちのどこの何が良いのか、良かったのか、と自問させられます。浦河に見学に来られた皆さんや講演会に参加された方々が度々おっしゃるように、浦河には川村先生や向谷地さんがいるから良かったのか、浦河べてるの家という施設があるから良かったのか、日高昆布という地場産業があったから良かったのか。

こうした外からの声にも、どこか私たちの置かれた実際と異なるという違和感を感じています。私たちは日々追われるように生活をしていますが、けっして手厚いケアができているわけではなく、けっこういい加減で、格別親切でもなく、財力もなく、恵まれた好条件の環境のなかで支援しているわけでもなく、洗練された取り組みをしているわけでもありません。

そんな私たちの支援を評価してくださるのはなぜかと思うのです。

この問いかけへの明確な答えを私たちはもっていません。私たち自身も満足できる説明ができないでいます。

しかし、どこか答えに繋がるようなヒントみたいなものはもっています。

あるときの北海道精神保健福祉士協会の支部研修会での話です。川村先生が「浦河の支援がうまくいっているのは、浦河の支援者が優秀だからというのは誤解で、反対に深刻な問題に支援者が無力で、頼れないから協力しなければならなかった。連携で大事なことは〝頼りない〟ということ……」というの主旨のコメントをしたことがありました。

なるほど、確かに私たちは〝頼りない〟ということにかけては自信があります。

少子高齢化が進む過疎進行中の地方の町、不漁不作と後継者不足に悩む地場産業、閉店が目立つ大通り商店街、私たちの町を取り巻く外的条件は厳しい限りです。

支援者にしても、水産学部から浪人して医学部にいった精神科医の川村先生、就職活動に完全に出遅れて唯一残っていた浦河日赤に応募したソーシャルワーカーの向谷地さん、私小林も自分の足りなさを感じ三〇歳半ばで臨床心理学を学び、専門家めいた仕事をするようになったものです。どう見ても、その分野の優秀なパワーエリートとは程遠いです。

また、最近でこそ浦河でも大学などで専門職の学びを終え、浦河に就職してくる支援者が増えてきています。しかし、昨今の学生は職場が都会にあって生活がしやすく労働条件の整った職場を選びます。浦河の地元の若者や浦河赤十字看護専門学校出身の看護師でさえも職を求め、都会志向で町を離れていきます。わざわざ不便な町の職場を選ぶ専門家なんて、一般的な価値観に照らし合わしてみれば自分の将来を考えるコンパスの針がズレていそうです。浦河には、飛び抜けて優秀な支援者もいなければ、高度な医療や手厚い保護が受けられる立派な福祉施設もありません。

こんな有様の私たちですから、まったくもって頼りないかぎりです。その頼りなさ、不器用さ、足りなさを補い合うために連携してきたのが私たちの歩みであったといえます。

コミュニティ支援に連携は欠かせませんが、こうして見ると浦河流のコミュニティ支援の成功の秘訣は、連携をエンパワメントする〝頼りなさ〟〝不器用さ〟〝足りなさ〟であるといえます。全国的に見れば、優秀な専門家の支援、恵まれた生活環境、豊かな社会資源などを享受できるのはごく一部でしょう。しかし、〝頼りなさ〟は、多分、全国の至るところに見出せるはずです。支援者個人の支援力は際立たなくても、全体が活きる可能性が〝頼りなさ〟にはあると思います。

私たちは〝頼りなさ〟に自信をもっています。もし、自らの支援の取り組みに〝頼りなさ〟を感じたようでしたら、ぜひ浦河に遊びにきてください。浦河に来れば〝頼りなさ〟にも自信がつきます。〝頼りなさ〟を絆に交流を深めましょう。お待ちしております。

最後に、この企画から完成まで、いつも執筆期限を守らない〝頼りない〟私たちの取り組みを応援してくださった金剛出版『臨床心理学』編集部の藤井裕二さん。「ごめんなさい！」藤井さんの寛大な支えがあり、無事出版することができました。心から感謝申し上げます。

執筆者一覧
（五十音順）

秋山里子 ……………………………………… 浦河べてるの家 生活支援員・ピアサポーター

浅野浩嗣 ………………………………………………………………… 浦河町役場総務課 課長

池亀直美 ……………… 元・北海道社会福祉協議会日高地区地域福祉生活支援センター 自立生活支援専門員

池松麻穂 …………………………………………………… 浦河べてるの家 ソーシャルワーカー

伊藤恵里子 ……… 浦河赤十字病院医療社会事業部医療社会事業課 ソーシャルワーカー

伊藤知之 ………………………浦河べてるの家／NPO法人セルフサポートセンター浦河 ソーシャルワーカー・ピアサポーター

井上 健 ………………………………………………………… 浦河べてるの家 ソーシャルワーカー

大濱伸昭 ……………………………………… さっぽろ駅前クリニック ソーシャルワーカー

川村敏明 ………………………………………………………………… 浦河赤十字病院 精神科医師

小林 茂 ……………………………………………………………………………… 編者略歴に記載

清水里香 ……………………………………… 浦河べてるの家 生活支援員・ピアサポーター

高田大志 ………… 浦河赤十字病院医療社会事業部地域医療連携課 ソーシャルワーカー

朴 明敏 ………………………………………………………… 浦河べてるの家 ソーシャルワーカー

本田幹夫 ………………NPO法人セルフサポートセンター浦河 事務長・ピアサポーター

向谷地生良 ………………………………………………………………………… 編者略歴に記載

向谷地悦子 ………………………………… 浦河べてるの家 サービス管理責任者・看護師

吉村明美 ………………………………………… 浦河町教育委員会管理課学校教育係 主査

渡辺さや可 ……………………………………………………………… 浦河べてるの家 当事者

向谷地生良
(むかいやち・いくよし)

北海道医療大学教授、浦河べてるの家理事、ソーシャルワーカー。
1978年北星学園大学社会福祉学科卒業後、浦河赤十字病院でソーシャルワーカーとして勤務。当事者と教会の一室に住み込み、1984年に彼らと共に「べてるの家」を設立。現在、北海道医療大学看護福祉学部教授。主な著書に『「べてるの家」から吹く風』(単著・いのちのことば社〔2006〕)、『安心して絶望できる人生』(共著・NHK出版〔2006〕)、『統合失調症を持つ人への援助論――人とのつながりを取り戻すために』(単著・金剛出版〔2009〕)、『技法以前――べてるの家のつくりかた』(単著・医学書院〔2009〕)など。

小林 茂
(こばやし・しげる)

浦河べてるの家 臨床心理士、日本基督教団 牧師。文学修士、臨床心理学修士。
2001年南山大学大学院文学研究科博士課程満期退学。2007年日本福祉大学大学院社会福祉研究科心理臨床学科修了。牧師を務めながら名古屋市精神保健福祉センター電話相談員、知的障害者授産施設非常勤支援員、児童養護施設非常勤心理療法担当職員等として勤務する。現在、浦河べてるの家 べてる生活サポートセンターサービス管理責任者、幌泉教会牧師。

コミュニティ支援、べてる式。

印　刷 …………………………………………………… 2013年4月20日

発　行 …………………………………………………… 2013年4月30日

編　者 …………………………………………………… 向谷地生良｜小林 茂

発行者 …………………………………………………… 立石正信

発行所 ………………………… 株式会社 金剛出版（〒112-0005 東京都文京区水道1-5-16）

電話 03-3815-6661　振替 00120-6-34848

装　幀 …………………………………………………… HOLON

印刷・製本 ……………………………………………… シナノ印刷

C3011

†好評既刊†

統合失調症を持つ人への援助論
人とのつながりを取り戻すために

（著）向谷地生良

当事者研究で知られる「べてるの家」設立に関わった著者による、真に当事者の利益につながる面接の仕方、支援の方法、援助の心得の解説。

二四〇〇円（＋税）

ビレッジから学ぶ　リカバリーへの道
精神の病から立ち直ることを支援する

（著）マーク・レーガン
（監訳）前田ケイ

精神保健福祉サービスの統合的ケアモデルのパイオニア的存在「ビレッジ」による、革新的なヴィジョンとしての「リカバリー」を紹介する。

一六〇〇円（＋税）

リカバリー
希望をもたらすエンパワーメントモデル

（編）カタナ・ブラウン
（監訳）坂本明子

パトリシア・ディーガン、メアリー・エレン・コープランドら先駆者の議論を集めた、世界中に影響を与える精神障害者リカバリーモデルの思想と技術。

三〇〇〇円（＋税）

地域ケア時代の　精神科デイケア実践ガイド

（編著）安西信雄

急性期入院治療との連携、デイケアの就労支援、ACTによる地域生活支援、精神科クリニックのデイケア活動など、効果的なデイケア治療を示す。

三二〇〇円（＋税）

精神科デイケア必携マニュアル
地域の中で生き残れるデイケア

（監修）長谷川直実

機能分化・専門デイケアと「地域連携・包括型デイケア」によってオーダーメイドのサポートを目指す、都市型デイケア「ほっとステーション」一〇年の軌跡。

二八〇〇円（＋税）

コミュニティ支援《しえん》、べてる式《しき》。

2023年10月20日　オンデマンド版発行

著　者　　向谷地生良　小林茂
発行者　　立石正信

発行所　株式会社 金剛出版　〒112-0005　東京都文京区水道1-5-16
tel. 03-3815-6661　fax. 03-3818-6848　http://kongoshuppan.co.jp

印刷・製本　株式会社デジタルパブリッシングサービス
https://d-pub.sakura.ne.jp　AM096

ISBN978-4-7724-9055-9　C3011　Printed in Japan © 2023